「リーダーシップ」の本を1000冊読んでもダメだったアナタのための

人を動かす

本気の「叱り」

株式会社エム・ジェイホーム
代表取締役社長
葛川睦

現代書林

はじめに

この本は、これから独立して起業したいと考えている方、部下のマネジメントで悩んでいる中小企業経営者やマネージャーの皆さんに読んでいただきたいと思って書きました。

私は13年前に起業し、現在は３社のグループ企業に１５０名以上の従業員を抱え、10億円超の売上を出しています。２０１７年度の経営計画では、５年後には従業員を３５０名、売上50億と目標設定しました。

今回、私がお伝えしたいことは、「人の力のすごさ」です。

少人数でも、それぞれが爆発的なエネルギーを発揮して、全体で一つの方向に向かった時、企業は面白いほど発展し、前進します。

そして、その「人の力」を活かすも殺すも社長次第、リーダー次第なのです。

独立して起業する若い人が増えています。素晴らしいことだと思いますが、起業して設立された会社のどのくらいが生き残っているか、ご存知ですか？

実は、驚くべき数字なのです。

【起業した会社の生存率】

▼1年後　40%
▼5年後　15%
▼10年後　6%
▼20年後　0・3%
▼30年後　0・02%

「企業寿命30年説」という言葉があるように、30年後に0・02%しか存在していない。

つまり、今年起業した会社が1万社あったとすると、30年後に生き残っているのは、そのうちたった2社ということです。

これは国税庁がまとめた「会社生存率」ですから間違いないのでしょう。

「1万社のうち生き残りはたった2社。これでも起業しますか？」


実は、私も偉そうに言えたものではないのです。

私自身、起業後数年して、倒産するかもしれないような大きな苦難を経験しました。当社も、当たり前のように起業数年で消滅していた可能性は大、だったのです。

しかし私は、あることに気づきました。私は組織における「人」のマネジメントについて、全く考えていなかったのです。そこに気づいて、当社は大きく飛躍しました。ですから、「人の力はすごい」のです。

私の転換点については、本書の後半で詳しく述べたいと思います。そして、これは本書のテーマである「叱り」にリンクしていくことになりますが、さしあたってここでは、「叱り」に焦点をあてて話を進めていくことにします。

起業家、中小企業経営者はもちろん、会社内の各部署におけるトップも含めて、リーダーたるもの、優れたリーダーシップを発揮して組織を導いていかなければなりません。

それでは、優れたリーダーシップとは、どういうものでしょうか。

例えば、当社のある優秀なスタッフは、入社前に2度起業して2度とも倒産した経験があります。その詳しい理由はわかりませんが、彼の仕事ぶりを見ていて私は納得しました。

彼は確かに、会社の成長戦略を立案したり、経営計画、事業計画、企画力、実践力などには優れた能力がありますが、決定的に欠けているものがありました。

人事マネジメントが、全くできなかったのです。

それは、おそらく彼が非常に優秀すぎるからだと思います。「どうして自分のようにできないんだ」と怒っても、その熱意ばかりが空回りするだけでした。
彼ができなかったのは「本気で叱る」ことだったのです。

「叱る」ということは、いまの世の中では骨董品のようなものなのかもしれません。30歳以下の人たちにとって「叱り」とは、「古き日本の美徳」みたいな感覚で捉えられているのかもしれません。

「叱り、叱られる」ことによって人は成長し、その文化が代々伝わっていく、その素晴らしい日本人の美徳は理解しているとしても、いまの若い人たちの大部分は「叱り」の価値を本当に認めてはいないように思えます。

「そんな美徳は、いま自分たちが生きている世界にはありません。もっとスマートで合理的なやり方があります。情とは別のところで、コミュニケーションができます。そのほうが上司も部下もやりやすいでしょう。『叱り』で浪費するエネルギーはお互いに無駄だと思います」そんな声が聞こえてきそうです。

しかし私は、このような現代の日本社会に蔓延している合理的にみえる考え方こそ、起業家が失敗する共通の原因ではないだろうかと考えます。

「叱り」の意義を否定するのは、人との付き合い方はほどほどに、という現代人らしい合理的なものですが、経営者が事業の継続に悶々と苦しんでいるのは、「叱り」に代表される一見非合理的なことをないがしろにしているからではないでしょうか。

それが、私の問題提起です。


組織をものすごい勢いで動かし成長させるには、人の力が必要です。

私が中学生の頃からやっていたアメリカンフットボールやラグビー、サッカーなどのように、組織で闘うスポーツをみると、会社組織も全く同じだと思います。

一人の優秀な選手がいても、組織力が高くなければ勝てません。全員が優秀であっても、まとまっていなければ、時に平凡なメンバーの（しかし組織力のある）チームに負けてしまうことも珍しくないのです。

組織力を結集して事業の目標を達成していくのが、リーダー（経営者）の仕事です。

起業を志す人、起業した人は、その仕事をおろそかに考えているから失敗するのではないかと私は思います。

リーダーがそれを可能にするには、メンバーと腹を割って話せる関係をつくることが条件です。そのうえで、「上手く叱れる」「本気で叱れる」「その叱りが人を成長させる」「その結果、組織がまとまり会社が発展する」という流れをつくるのです。

アナタは、従業員や仕事の部下を本気で叱れますか？　「本気で」です。

そのことを省みることなく、成長しない従業員や部下を嘆いていませんか？

ぬるま湯の人間関係、あたりさわりなく適当に付き合っていく人間関係も、あっていいと思います。相手から嫌われないことは大事ですし、面倒な関係にならないように自分の欲求を抑えることは、大人の対応だと思います。

しかし、ぐんぐん成長して社会に貢献できる会社（組織）の中では、そんな上っ面の人間関係は必要ないはずです。

みんなが腹を割って話せる関係を築き、腹をくくって仕事をしているからこそ、組織は成長していくのです。そのような前向きの集団でなければ、リーダーは本気で叱れませんし、従業員や部下もその「叱り」によって成長することはできません。

社内の人間関係は友だち関係ではありません。しかし一方で家族のような、いやそれ以上の、深い繋がりを持った関係になりえるのです。

リーダーが、そのような深い人間関係を会社や組織の中につくることができるかどうか。起業の成功、中小企業の経営の成功は、そこにかかっていると私は考えます。


例えば私は、チャレンジしないことに対しては必ず「叱り」ます。

チャレンジしないのは、失敗を恐れるからです。

しかし、チャレンジしなければ成功もしません。成功したくないなら別ですが、成功したいと考えながら失敗を恐れてチャレンジしないのは、人の生き方として卑屈だと私は思います。

失敗すれば落ち込むかもしれませんが、それで終わりではありません。失敗をきっかけに新しい世界を知ることもできますし、新しいチャンスにも遭遇します。そして、またチャレンジすることができるのです。

たった1度だけの人生を生きていくということは、そういうことの連続だと私は思います。まわりが荒唐無稽なことと思っても、自分ができると思えばやってみればいいのです。

もちろん、そのためには「なんでもチャレンジできる場」をリーダーが提供していることとが条件になります。そのような環境が与えられているのにチャレンジできないのは、やはりどこかで易きに流れる、安楽を求める気分があるからです。

「叱れないリーダー」も同じです。「チャレンジしないリーダー」だから叱れないのです。チャレンジできない人は、ふだんの人間関係も「なあなあ」にしたがります。相手が異なる考え方を持っていても、腹を割って話し合ってわかりあおう、できれば考え方を一つにしていこう、そういう労力を惜しんでいるのです。

そこに本当の人間関係はありませんし、本気の「叱り」などあるわけもありません。人の成長はなく、中心に向かって渦巻くようなエネルギーを組織内に自然発生させることもできません。

実務がいかに優秀でも起業すると失敗に終わる人が多いのは、多くの起業家がこの点をおろそかにしているからではないでしょうか。

中小オーナー企業も同様です。2代目、3代目となっても先代の成功の上にあぐらをかいているような経営者は全て、「腹を割って話せる人間関係」を社内につくることができなくなっていて、そのために成長も社会貢献もストップしてしまっています。

起業家やオーナー経営者が圧倒的なリーダーシップを発揮できなければ、会社経営などできるものではないことに気づかなければいけません。

私は「叱る」という日本に古くからある美徳を、起業家や経営者に不可欠なリーダーシップを向上させる大切な鍵の一つとして、再認識してみたいと思いました。

アナタは人を思って本気で叱れるか。

その「叱り」の真意を、相手に伝えることができるか。

それは、組織をまとめて一つの方向へ動かしていくリーダーの、最も重要な能力だと思います。

叱るのは、面倒くさいことです。見て見ぬフリができれば、こんなに簡単なことはありません。しかし、叱らないという易きに流れる楽さ加減を覚えてしまうと、もう二度と叱ることができなくなってしまいます。

だからこそ「叱り」は、意識して覚えていかなければならないと思うのです。

本書では、まず「本気で叱る」ということについて具体的に考えてみます。

アナタにとって「叱り」とは何なのか、実践できていなければどうすればいいのかを、タイプごとに考えてみます。ぜひ、自分に置き換えてイメージしてください。

また、「叱り方のコツ」についても考えてみます。「叱り」には、相手の成長というわかりやすい目的があるものです。戦略としての「叱り」には、どのようなノウハウがあるのかを知っておくことが大事です。

そして、私がなぜ起業を志したか、どのように起業して、挫折しそうになったのか。また、起死回生の「気づき」はどのようにして得られたのか、何がきっかけとなって当社は急激な右肩上がりに転じたのか、振り返ってみます。

そして最後に、起業を失敗に終わらせないための人事マネジメントの核となるべき、経営理念や経営戦略について概観していきたいと思います。

日本古来の「叱り」というものを、もう一度想い出してみましょう。そして、それを題材にアナタ自身のリーダーシップについて、あらためて考えてみましょう。

それはきっと、伸び悩んでいる組織を飛躍させる重要なきっかけとなるはずです。

2018年3月

株式会社 エム・ジェイホーム 代表取締役社長 葛川 睦

目次

第1章

アナタは大丈夫？　リーダーシップを発揮できない人の共通点

第2章 「叱り」のテクニック（何を・いつ・どのように叱るのか）

第3章

本気で叱れないアナタは、何を訓練すべきなのか

第4章

起業を通して実感！本気で叱れば道は開ける

第5章

経営の基本を押さえておかないと、起業しても会社は消滅する

第1章

アナタは大丈夫？リーダーシップを発揮できない人の共通点

アナタはリーダー失格？　合格？

始まりは、わかりやすく「叱り」の各論からいきたいと思います。

本書を手に取ったアナタは、どこかでリーダーシップを発揮すべき立場になった経験があると思います。いま現在、オーナー経営者かもしれませんし、企業の部署のリーダーかもしれません。部活やサークルのリーダーでもいいでしょう。

そんなアナタに、リーダーシップがあるかどうか、自分の胸に手を当てながら考えていただきたいと思います。

本気の「叱り」が、アナタにはできるでしょうか。

これから列挙していくのは、反面教師として「本気で叱れないダメなリーダー」の姿です。この中に、アナタは紛れ込んでいないでしょうか。

まずは、リーダーの適性について、一緒に検証していくことにしましょう。

1 カッコつけようとするリーダー

◉背伸びしているリーダーはカッコ悪い

リーダーはトップに君臨する存在ですから、当然グループの中での立場は上です。何かに優れているとか、成功したとか、経験があるとか、なんらかの理由があってリーダーになっています。まわりも、アナタが組織の中でリーダーという立場にある（決められている）ことを理解しています。

しかし、何を勘違いしているのか、自分は全ての面でメンバーよりも上であると思い込んでしまって、背伸びしてしまうリーダーが少なくありません。

これは、大変な悲喜劇です。なぜなら、本人は人にはわからないように背伸びしているつもりでも、まわりには必死で伸ばしている足首が丸見えだからです。

私は現実のリアルな姿こそ重要と考えています。結果、あるいは数字が大事です。その現実に直面しようとしないことが、背伸び、カッコつけにほかならないと思います。それは要するに「本気で叱れない」ということに繋がるのです。

◉流行りのカタカナ用語では、何も伝わらない

リーダーになってついついカッコつけようとする人、自分を飾ろうとするようなタイプは、本気で叱れない、リーダーシップを思うように発揮できない人です。

サマになっていれば、誰もその人がカッコつけているとは思いません。でも巧妙にカッコいい自分を演出していても、中身が伴っていないと、傍目にはバレバレなのです。これが悲しいのです。

カッコつけようとする（そうせざるをえない）リーダーは、問題の本質を率直に短い言葉で表現することができないので、いつも難しい言葉や横文字の言葉が出てきます。抽象的で曖昧です。

相手は、リーダーが言いたいことがよく理解できないので、自然に「聞いたフリ」で終わらせようとします。わからない言葉の意味をいちいち質問するのも変なので、わかったような雰囲気を見せるしかありません。これでは、たとえ叱ったとしても効果がない、ということになります。

●自分の感動を、いかに下に伝えるのか

例えば、リーダーは会社から外部のセミナーや研修への出席を命じられることがあります。そして、そこで学んだことに感動して、心を揺り動かされて帰って来ます。しかし、叱れないダメリーダーは、その感動や熱量を部下に伝えられません。

セミナーで覚えてきたキーワード、独特の言い回し、フレーズなどを口にして部下に伝えようとしますが、その現場を知らない人には何も伝わりません。だから、いかに素晴らしいセミナーを受講しても、その内容や価値が部署全体には広まりません。これは典型的なダメリーダーの姿です。

セミナーがいかに感動的でも、言葉だけでその感動を伝えることができないことは、少し考えれば誰でもわかるでしょう。しかしそれを伝えるのがリーダーの仕事です。そのために、どうすれば良いのか。

相手の立場に立てないリーダーは、たくさんいます。自分本意だから、自分でカッコつけていることに気がつかないのでしょう。

◉咀嚼して、自分のものにしてから伝える

何かを伝えたければ、それをどのように表現したら相手に伝わるかを考えなければいけません。セミナーでの感動を伝えたいなら、頭に残っているフレーズだけでなく、まずは自分が得たその感動を自分の中で咀嚼することから始めるべきです。

そして、なぜ自分が感動したのかを理解し、その内容や価値観を、いったん自分が受けた感動の外に出て、客観的に眺めることが必要です。そのうえで、自分の部下にはどのように伝えればわかりやすいか、少しでも感動を共有してもらえるかを考えなければならないのです。

優れたリーダーは、そのような思考のステップアップがごく自然にできます。見栄えのいい言葉やフレーズ、英語の用語などにはこだわりません。

部下にリーダーらしさを押しつけようとしてカッコつける必要は、全くありません。内容や熱量をそのまま伝えることを、相手の立場で考えるべきです。それが上手い人は、自然にリーダーシップを発揮できます。

そういう人は、上手く叱れるのです。

2 「上層部の考えだから」という思いだけで部下を動かそうとするリーダー

◉無意識に自分を守ろうとしているリーダーは信用なし

リーダーたるもの、自分を守るための「鎧」は全て脱ぎ捨てて部下に当たるべきだと私は思います。裸の自分を出さなければ、相手も裸の自分を出してくれません。何もパンツを脱いで話し合えというわけではなく、気持ちの問題です。隠し事なく全てあからさまに言える関係をつくることがとても大事です。

リーダーたるもの、正味の自分自身をさらけだして勝負するしかないのです。

しかし、いつまでも鎧を脱がないリーダーが少なくありません。鎧どころか、自分の心を隠しているつまらない用心深さもまとったままです。

簡単に言えば、責任逃れの部分をいつも用意しているのです。無意識のうちに、最後は自分が安全でいたいという、醜い心理をまとっているわけです。

◉リーダーであることを自分で否定しているリーダー

それがわかってしまうのは、部下への指示の言葉の奥に「上がそう言っているんだからお前らは黙ってやればいい」という気持ちが見え隠れする時です。部下としては、やる気のない仕事がさらにつまらないものになってしまいます。

リーダーは、組織の精神的支柱でなければいけません。自分たちのボスであり、ボスのためにメンバーはそれぞれ必死に仕事をします。それが、そのグループ（企業全体、あるいは事業所、部署など）の発展や成功に繋がっていきます。

ところが、その肝心なボスが、「オレもそんなことやりたくないし、お前らがやりたくないのもわかるけどさ、上がそう言ってんだから仕方ないんだ。やるしかないんだから頑張れよ」という態度では、士気はガタ落ちです。

上からの指示をそのとおりに伝えているとしても、そこには自分が経営者になって下にやらせる気概が欠かせません。

トップの経営者自身も同じです。「やりたくないだろうけどコンサルの先生がそう言ってるから、なんとか新しい事業を頑張ってもらえないかね」などと言う経営者に誰がついていくでしょうか。社員は新しい働き先を探すようになるかもしれません。

◉従業員や部下は「何」のために働いているのか

部下は、いつも上司のことを見ています。そしていつも下の立場から上を評価して、その評価を自分の行動に結び付けているのです。意図的ではなくても、会社の中の上下関係には、いつもこのことが起こっているのです。

従業員や部下は、突きつめれば、給料のために働いていることになります。

しかし実際に働いている現場では、その会社の誰のために、あるいは何のために自分は働いているという「意味」をいつも無意識のうちに考えているものです。

本来なら、毎日顔を合わせている直近の上司のために働ける、頑張れる、という集団をつくっていくのが理想で、みんなが頼って見ているのがリーダーなのです。

そんな時に、「上が言っているから」という態度では、誰もついていかないのは当然のことでしょう。

これはリーダーが、無意識におかしやすい重大なミスです。その重大さに気づかなければいけません。

3 熱量は大きくても、なぜか人を動かせないリーダー

◉人気はあるけど成果が出ないのはなぜ？

自分にはリーダーシップがあるのか。

このことを考える時、「人気があるかどうか」という問題と混同しないようにしなければなりません。「リーダーシップがある」ことと「人気がある、愛されている」ことは、必ずしも一致しないからです。

例えば、人当たりがよく、その一方で厳しい部分は厳しく、愛されるべきリーダーとして上手く従業員をまとめている経営者はたくさんいます。

話も上手く、従業員には理想を熱く語ります。自分たちが生きるべき道を、熱く示してくれます。従業員たちの士気も上がります。

しかし、会社の業績は一向に上がりません。なぜか、従業員が成長しないのです。

このタイプのリーダーは、自分自身を見失うことなく、自分の考えた目標をしっかり持っています。それを伝えるための自分自身の言葉を持っているので、部下や従業

員からの信頼もあります。士気も上がります。人間的な魅力のある、一見できる経営者、できるサラリーマンです。

ところが現実には、成果がイマイチなのです。

このようなケースは、よく見られます。それは、なぜでしょう。

●熱いのはわかるけど、どうすればいいのかわからない

熱い感情から発せられる言葉は、人を動かすと言います。

しかし、本気でその言葉に感銘したのならともかく、表面的な熱さだけで説得しているだけでは、人は全く動きません。

言葉とか論理というのは、実は現実ではないのです。

形に表れない心の中にある信念や理念は言葉で伝わりますが、それだけでは聞いている人の現実の世界を変えることはできません。上手い料理について熱弁されても、聞いているほうはリアルに美味しいと感じるわけではないからです。

結果として、従業員の士気は上がるかもしれませんが、やっていることの現実には変化がなく、業績に結び付きません。業績に結び付かなければ、熱さもやがて冷めて

いきます。

これでは結局のところ、リーダーは何も言わなかったと同じことになってしまいます。熱量があって、人望も厚い、一見よく人を動かせるように見えるリーダーも、実際には動かせないことが多いのです。

●熱いけれども、なぜか叱れない

このタイプのリーダーに共通しているのが、やはり本気で叱らない、叱れないということです。

理念や目標が明確になっていても、それを実現させるための戦略がなく、メンバーや従業員の具体的な動きをイメージできていないから、そもそも叱る理由（叱ろうとする自分自身の動機）が見つからないのです。

トップやリーダーが「叱れない」のはなぜか、その理由を最もシンプルに考えてみると、私はその人が「本気になっていないから」だと思っています。

すでに述べた①カッコつけるタイプも、②上層部の顔色をうかがうタイプも、本人の腹の中で本気になってないからそうなるのです。

「失敗したら腹を切る」くらいの覚悟を持っていれば、理念も目標も戦略も、自然にできあがっていくものです。そこからズレる動きに対しては、自然に「本気の叱り」に繋がります。

それは、メンバーや従業員に対しても、彼らなりの「覚悟」を持てという重要なメッセージになります。そんなリーダーの背中を見て、人は成長していくのです。

経営者や所長は、リーダーとして自分の「覚悟」を従業員にイヤというほど見せつけなければなりません。

それは「死んでも目標を達成する」という覚悟であり、そこに自然に「戦略」というものが生まれます。

それによって組織は一つの方向に確実に前進していくのです。

4 他人に任せられず、組織化できないタイプ

◉起業した会社のエネルギー源は経営者のみ

会社は人の力によって成長していきます。社員数の拡大はその象徴かもしれませんが、実際にその前の段階で成長の推進力となるのは個々の社員の質の向上です。

起業して少ない従業員で頑張っている時に、彼らが質的に飛躍的に成長し、社長と同じような目線で積極的に仕事に取り組んでいくようになることは、起業した会社の存続と発展のためにとても重要なことです。

起業して間もなくの時期は、特に少数の人の力が会社の行く末を担っていると言えるでしょう。そのカギを握っているのが、創業社長のリーダーシップです。

◉仕事の能力がいくら高くても、起業は成功しない

会社を起業しようと考えるような人は、以前から飛び抜けた営業力を持っていたはずです。先見性や企画力にも優れていたことでしょう。ビジネスセンスがあり、それ

によって幅広い人脈も持っています。

自分は起業してやっていけるのではないか、創業した会社を大きくして成功者になれるのではないかという目論見は、もともと持っている本人の能力やスキルがバックグラウンドとしてあるからにほかなりません。

周囲も、それまでの彼を見ていれば、大成功はともかくとしても、堅実に事業を拡大していくことは間違いないだろうと思うでしょう。「アイツならできる」と。

ところが、そうやって起業して失敗するエリートがどれだけいるでしょうか。私自身も、もしかしたらその一人になりかねなかったのです。

私に足りなかったのは何か。彼ら彼女たちに足りないのは何なのか。

それはズバリ、人心掌握です。人事マネジメントができない、あるいはその価値を認めていないのです。

要するに、リーダーシップに欠けているということです。これが事業の成功を妨げる致命的な問題になります。

◉組織を引っ張っていく力はどこにあるのか

特定の職人やさまざまなスキルが高い人ほど、他人に仕事を任せることが苦手です。特に自分が得意な分野については人に任せて、自分の技術を伝え、その人を成長させることが、なかなか上手くできません。

なぜなら、自分がやったほうが早いし、的確で効果的な仕事ができるからです。しかし、起業して経営者となるからには、任せることがスタートになります。

もちろん、起業して間もなくは自分の手足で稼いで従業員を引っ張っていくしかありません。しかし、それはあくまでも新しい会社の事業を軌道に乗せるためのもので、最終的には経営者が自分で現場仕事をやっていては企業にはなりません。

人の力を活かして個々の質を向上させ、全体のベクトルを一つにして成果を築き上げていく。起業した会社が、早くそのように全体の力を出せるように頑張るのが創業社長の宿命と言えるでしょう。

◉カギは「腹を割って話せる人間関係をつくれるか」

優秀な人間ほど、他人の仕事を信じません。良いところは当然と考え、悪いところ

（自分と違う部分）ばかりに目が行きます。

職人の徒弟制度であればそれで良いのかもしれませんが、会社を組織化しようという時の人事マネジメントでは、大きなマイナスになります。

気に入らない部分があっても、上に立つ人間は下を信頼しなければいけません。無理やり信頼しようと頑張るのではなく、自分の従業員（部下）なのだから全て信頼するのが当たり前という考えでなければならないのです。

信頼があれば、腹を割って話せる人間関係ができます。リーダーが腹を割れば、下も必ず腹を割るようになります。素直に叱り叱られる関係です。それは、会社や事業部署という枠を超えた人間同志の関係と言えるでしょう。

リーダーは最初からその関係をつくるつもりで、従業員や部下を見、接することが求められます。

5 感情的に怒ってしまう、叱ることができないリーダー

◉怒りの感情をぶつけるのは、本当の「叱り」ではない

アナタが感情的に怒っている状態と、相手を成長させようとして叱っている状態は、全くの別物です。

なぜなら、怒るのは自分自身を考えたうえでの感情であるのに対して、叱るという行動は相手のことを考えたものだからです。

怒るのは、よく考えれば自分自身の問題です。しかし、叱るのは、相手の問題を指摘するということです。

つまり「怒る」と「叱る」は、問題の箇所が正反対のところにあるわけです。

もちろん、感情的に怒って、そのあと冷静に叱ることができる人もいるでしょう。それは、素晴らしいリーダーだと思います。

しかし、そこをごっちゃにして、「怒り」の感情を「叱り」という形で相手にぶつけてしまい、ぶつけてしまうことによって自分の怒りにケリをつけようとしている、

それがリーダーシップだと思い込んでいる人が多いのです。

●怒鳴られた側には「恨み」しか残らない

怒っている側からしてみれば、感情的に怒っていることと叱っていることは大した違いではないように思えるかもしれません。しかし、それをぶつけられた相手（従業員や部下）は１８０度、異なったものを受け止めていることになります。

それは、感情的に怒鳴られた側の心理を考えれば、簡単にわかることです。

リーダーが、ただ感情的に怒りをぶつけてきているだけだと感じた時は、そのリーダーを否定したくなります。

一方、自分のためを思って叱ってくれたんだと感じれば、感謝や申し訳ない気持ち、あるいは反省、今後の改善への意欲といったものが心に浮かんでくるものなのです。

●「このリーダーは信頼できない」という烙印

リーダーは、下から否定されることもあるでしょう。しかしそれは、論理的な言葉として下から帰って来なければいけません。論理的に否定されることは、下からの意見が言いやすいということで、それは歓迎すべきだと思います。

　しかし、感情的に怒ってばかりいるリーダーに対しては、下も感情的に否定するだけです。それを行動に移せば、仕事を度外視したケンカになってしまいます。それは避けなければいけないと考えるので、下はガマンして心の中でリーダーを否定するのです。

　感情的に怒りまくったリーダーは、それで気が済んだかもしれません。翌日には忘れて明るく接するでしょう。しかし下は、心の中に「このリーダーは信頼できない」という絶対的な烙印を押しています。翌日の機嫌のいいリーダーに対して、つくり笑いで対処するしかなくなります。

　そういうことがたび重なれば、下はリーダーに対して心を閉ざしてしまいます。腹を割って話をすることなど、できなくなります。つまり、リーダーが真剣に叱ることさえできなくなるのです。

　下にそういう人間が増えれば増えるほど組織はバラバラになり、全体の目標などどうでもいい雰囲気が支配するようになります。それはメンバーのせいではなく、リーダーシップがないことが原因です。つまりリーダー失格なのです。

◉会社が成長しない理由は経営者の「怒り」？

中小企業の経営者は、カリスマ性を持ったワンマン社長で、トップダウンで会社を引っ張っていかなければダメだと私は思っています。特に起業してしばらくは、経営者が自分の色を出して、従業員をその色に染めていくくらいの気持ちが必要です。

しかし社長がそういう強引なキャラクターなのに、人が育たない、組織が動かない、業績が上がらないという会社もたくさんあります。

その原因として、経営者がいつも感情的に怒ってばかりというケースが少なくありません。

「叱り」と「怒り」は、言葉の発音も意味も、一見似ているようですが、実は経営者やリーダーにとっては正反対のものであることを、しっかりと認識しなければいけません。

6 相手を思いやり、甘やかしてしまうリーダー

◉「いい人、優しい人」は、リーダーシップが発揮できない

ひと口に「リーダー」と言っても、個々の人間性やキャラクターはさまざまです。それぞれの個性をリーダーシップに活かすことができれば、特に善し悪しはないと思います。いろいろな経営者がいていいと思います。

しかし、目標を持つ組織のリーダーとして、注意したい個性もあります。

特に「いい人、優しい人」は、リーダーとしては注意する必要があります。人をまとめるには、人望が必要ですから「いい人」はリーダーに適任のように思えます。しかし、目標を掲げてメンバーが一体となって突き進むためには、リーダーがあまりにも「いい人」で「優しい人」だと、なかなか思うように業績が上がらないということが起こりえるのです。

それは、部下を甘やかしてしまうからです。

◉本当の優しさとは何かがわかっていない

甘やかしてしまうために業績が上がらないリーダーは、自分が甘やかしているとは思っていません。厳しくやっているつもりだと言います。しかし最後のところで、部下を思いやって彼・彼女のマイナス思考に妥協してしまうのです。

従業員や部下に対してとことん厳しくやってきても、最後の最後で妥協したり、あきらめてしまったら、結果は絶対に出ません。ビジネスの世界では、そのようなことはしょっちゅうあります。最後の一押しをしなければ、それまでの苦労は水の泡なのです。

「よく頑張った」と過程をほめても、結果は何も残りません。部下の成長にもなりません。

経営者は、結果にこだわらなければならないのです。

人間的な優しさは大切ですが、よく考えれば、厳しくすべきところは徹底的に厳しくすることこそ真の「優しさ」ではないでしょうか。

その本当の優しさは、相手と本気で向き合ってこそ、表れるものなのです。

◉すぐに妥協してしまう優しいリーダーは、組織に必要なし

私は従業員に対して、いつも言っています。

「やりたい仕事があれば、どんどん言ってこい。結果は全てオレが責任持つから、なんでもやってみろ」

創業時から常にこう言っていますから、古株の社員はみんな、臆さずいろいろな提案や意見を言ってきます。それを私は、上からではなく同じ目線で聞き、前向きな提案や意見にはたいてい同意します。

「お前は10年早いんや、あほんだら」などとは絶対に言いません。

言ってみれば「聞き分けのいい社長」なのです。

しかし、いったん始まったプロジェクトがなかなか上手く進まず、改善案も出ず、そのうちスタッフから「いまのうちに撤退したほうがいいのではないか」という後ろ向きの言葉を聞いたら、ものすごく「叱り」ます。

一度やりはじめたことを途中で簡単にあきらめるなど、絶対に許しません。

社員がどんなに辛い目にあっていても、そこは妥協しません。最終的に失敗するかもしれませんが、それは仕方ないことです。最後まで成功させるつもりでやり遂げる。

途中で折れていっては、その人間はその後、何事も成し遂げることができなくなってしまいます。

ですから、そこで優しく「そうか、じゃあやめよう」とは口が裂けても言えないのです。

◉つまるところ「仕事に真剣に取り組んでいるかどうか」

経営者や部署のリーダーは、基本的なところで「人間的に好かれる」ことが求められます。しかし、ただ軟弱に優しくすることだけで「好かれ」ても、それは底が浅い関係ではないかと私は思います。

私が従業員とのあいだに求める関係は、もっと深くて、どろどろしていて、それでいてカラッとしているような、真剣なものです。

妥協はしないし、されない、腹をくくった関係でなければ成功などおぼつかないのです。

従業員と私は友だちではありませんが、仕事のうえでは友だち以上に深い関係にあると思っています。

それは、結局のところ全員が自分たちの仕事に真剣に取り組んでいるということなのです。

仕事に本気で命をかけていれば、当然のこととして甘えや妥協は許されるものではなくなるのです。

第2章

「叱り」のテクニック（何を・いつ・どのように叱るのか）

「何を」叱るのか

●感情的に怒るリーダーは、何を叱るべきかがわかっていない証拠

「叱る」ことがどういうことか、わからない人はいません。

しかし、陥りやすい間違いがあります。それは第1章でも述べたように、叱っているつもりでも感情的に怒っているだけだった、ということです。

感情的に怒るのは、その人の気分次第です。機嫌が良い時は、同じことに対しても寛容に受け止めるけれども、その日の朝、嫌なことがあって気分が悪かったりすれば、瞬間的に相手に暴言を吐いてしまったりします。

感情的に怒っている原因は、相手ではなく自分の中にあるわけです。ふだんは何も感じないようなことに、その時は何故か腹が立つ。それは自分の問題です。

つまり、感情的な怒りには「何を叱るのか」ということの一貫性がありません。

感情的に怒っている時、本人は一貫性を持って怒っているつもりですが、実はそんなことは関係ないのです。ただ自分の機嫌が悪いだけです。怒る対象は、なんだって

いいとさえ言えるでしょう。

それを自分でコントロールしなければ、リーダーとしての資質がないということになります。

◉一貫性のないリーダーは、信頼されない

一貫性を持って叱る、これはとても大切なことです。これは叱る側にとって簡単なことではなくハードルは高いのですが、叱られる側はそのことに非常に敏感です。

自分を叱っている人が少しでも一貫性がなければ、「この人は自分の感情をぶつけているだけだ」あるいは「とてもリーダーとしては認められないなあ、今日はツイてないいや」くらいのもので、叱責の言葉は右の耳から左の耳へ。何も残りません。

それは当然です。叱られた人は、その内容についてよく覚えていますから、何週間後かに前に叱られた内容とは矛盾するかたちで同じ人から叱られれば、「矛盾しているあなたがおかしいだろう、そこに気づいていないあなたは最悪だ」と、直感的に理解するからです。

また、自分はこういうことで叱られたが、同じことでほかの人は叱られなかった、

ということになれば「いったいどういうこと?」となります。「人の好き嫌いで態度を変える人」という評価がバッチリと定着してしまいます。

結局「会社や事業部の目的を掲げて、それに向かってみんなで一丸となって進もう」というのはカッコだけの能書きで、実はいつも感情に左右されているんだという本質が見抜かれてしまいます。

一度でもそういうことがあると、リーダーへの信頼は大きく損なわれてしまいます。それを修正・回復させるのは、とても困難だし時間がかかります。

●何を基準に、何を叱るのか、はっきりさせておく

「叱り」には、いつも目的がある、ということを忘れてはいけません。相手のこういう部分を直し、成長につなげたい、そうやって個々のメンバーがそれぞれ着実に成長して、組織としてのマンパワーを合理的に結集したい。

リーダーはそのために、叱るのです。叱りたくないけど、頑張って叱るのです。

そこで、リーダー自身が一貫性を持っているか、が重要になってきます。

自分自身の価値観がクリアになっているかどうか。ブレない自分を持っていなければ

ば叱れない、ということです。

難しい言葉で言えば、その人の「理念」です。あるいは起業するのであれば、これから設立する会社の存在意義、経営理念です。

これは会社内の部署のリーダーにとっても同様です。その会社の経営理念が具体的な行動に繋がっていて、「叱り」でも一貫していることが求められます。

●理念を持つ、理念が何かを考える

理念とは、その人が考える最も基本的な価値観だと思います。会社の経営理念で言えば、会社がなんのためにあるのか、何を目指すのか、経営者が会社に託す思いの最も基本的な部分です。

しかし「理念」などと言っても、わかったようでわからないかもしれません。

もう少しわかりやすく、簡単に考えてみましょう。

あなたは、生きているうえで何を大切にしているでしょうか？　人にはそれぞれ、生きるうえで、自分の中でこだわっていることが必ずあると思います。

それは、もしかしたら自分ではことさらに意識はしていないのかもしれません。でも、胸に手を当ててよく考えてみれば、あなたが大切にしていることが、必ずあるはずです。

◉生きるうえで大切にしていること、「チャレンジ！」

私は「チャレンジ」を大切にしています。チャレンジしない人生は、チャレンジする人生よりも間違いなくつまらなく、価値も低いものだと思っています。

チャレンジする気持ちがあるから、人は努力し、成長できるのです。成長して実績をあげるようになり評価されれば、さらなる成長のステップを踏めます。人生は、年齢を重ねるごとに少しずつ素晴らしいものになっていくのです。

先を見つめれば途方もない道のりに思えますが、実は単純なことです。日々、その時その時でいつもチャレンジする気持ちを萎えさせない。チャレンジを前提に、そうすることが当たり前のこととして生きていく。そうやって過ごしていけば、自然に成功に到達していくものです。

私は、世の中というのはそういうものだと考えています。

チャレンジする意欲を持とうとせず、逆に逃げることばかり考えていて、自分自身の不幸を嘆くのは不遜というものです。

仕事のやり甲斐、お金、恋愛……、全てに当てはまります。

だから私は、社員の行動のどこかにチャレンジしないで逃げている姿勢を見つければ、決してそれを見逃しません。敏感に察知し、そのことを伝え、「叱り」ます。

●「ごまかし」「ウソ」「隠し事」は大嫌い！

それから私は、自分自身をごまかすようなことが大嫌いです。

いちばんわかりやすいのは、嘘をつくことです。嘘は、チャレンジしない精神の代表的な行動と言えるでしょう。

自分の失敗に責任が持てず、人のせいにする、状況のせいにする態度も、私は嫌いです。これは嘘をつくことと同じです。生きる意欲がないのだろうとさえ思います。

あるいは、陰口。いつも仲良く友だちのようにふるまっているのに、本人がいないところでは平気でひどい悪口を言う、アラを探しては上に告げ口をする、ＳＮＳで嫌がらせをする。それで当人が困っているところを見て、陰で面白がっている。

眉をひそめたくなるような、卑劣な行動です。

これはいじめと同じでしょう。自分自身に対して人間としての誇りを持っていないから、一対一で対決はできないけど、見えないところから後頭部に石を投げつける。本人が振り向いたら知らん顔、というわけです。

小さい頃から、そこにある問題にきちんと対峙しないで生きていると、そうなってしまうのかもしれません。社員にそういう部分が見えた時は、私は必ず「叱り」ます。

◉枝葉はどうでもいい、基本的なことを叱る

生きる指針として意識していることをしっかりと持っていれば、それに反するような行動を見た時、瞬時に「これは叱るべきこと」と判断できます。「何を叱るか」がわかるのです。

つまり「何を叱るか」という問いには、「基本的なことを叱る」が答えになります。言い換えれば、枝葉末節なことを表面的に叱っても、なかなか相手には伝わりません。習慣になっていることは、自分自身では良いとも悪いとも思っていませんから、その根本の善悪など考えていないのです。

こちらが叱った真意が相手に伝わらなければ、それは叱ったことになりません。叱

ったただけで済んだ気になってしまうので、叱る側にとってもむしろマイナスです。

●「叱り」には必ず目的がある

ただし、相手の行動の枝葉末節をいくつかまとめて、基本的なこと、原理的なこと、「そこだけは絶対に譲れない」という理念に結び付くなら、その枝葉末節をまとめて相手に真意が伝わるように叱ることはできるはずです。理念があれば、叱る言葉も的確に選択し、表現できるからです。

筋の通った一貫した指摘を受けて、自分自身でもそうだと思えば、人は素直にそれを受け入れるものです。やはり誰でも自分を成長させたい、1ランク上の人間になりたいと思っているからです。

「叱り」の真意が相手に伝われば、何かしら良い影響を与えることができたということです。これは叱った甲斐があったということで、「叱り」の目的が達成できたわけです。

「叱り」には、いつも明確な「目的」がなければいけません。何を叱るかが、そこに関わってきます。このことをいつも意識しておく必要があります。

いつ、どこで、叱るのか

●叱る相手の人間性が尊重されているのが当たり前

感情的に怒るのは自分の鬱憤をはらすためにやっていることですが、叱るのは相手の成長のため、組織のレベルアップのために行うことです。

この二つは全く違うものだということを述べてきました。

そこで求められるのは、叱る側の冷静さです。

効果的な本気の「叱り」には、いつ、どこでという要素も深く関わってきます。なぜなら、叱る相手の人間性を尊重しているからです。愛を持って叱ることを意識すれば、いつ、どこで叱るのかはおのずと配慮されることになります。

例えば、逆に感情的に怒って怒鳴りつける時を考えてみましょう。いつ、どこで、どうやって怒鳴ろうかなどと考えることはありません。自分の感情ですから、相手のことはおかまいなしです。

「相手の成長のため」「組織のレベルアップのため」という目的があれば、同じような怒鳴りつけで叱るにしても、状況や相手の個性を配慮して、時や方法を考慮すべきです。それが「叱り」です。

それでは、「いつ、どこで叱るのか」を考えてみましょう。

●人前では叱らない

いつ叱るのか。それはもちろん、いろいろな条件によって変わります。

ただし私は、基本的に、原則的に、人前で叱ることはありません。相手の気持ちを考えるからです。なぜなら、私の「叱り」には目的があるからです。

私は本気の「叱り」をぶつけますから、場合によっては、その迫力はただごとではないように見えることもあります。大声をあげることもあります。

それを、ほかの社員がいるところでやってしまったら、叱られた人間はどう感じるでしょう。まわりの目が気になって、私が何を伝えたいのか、なぜ叱られているのかを自分で考えられなくなってしまいます。集中できなくなるからです。

また、大勢の前でひどく叱られることで恥をかき、心は大きく傷つくでしょう。まわりに自分の部下や後輩がいれば、なおさらです。

それは、叱っている私の意図したいことではありません。

◉叱らなければいけない俺の気持ちをわかってくれ！

相手が憎くて叱るわけではありません。だから叱る目的は、相手を傷つけることではありません。結果的に傷つくこともあるかもしれませんが、それを踏み台にして飛躍してほしいという願いが大前提です。

叱ったことで必要のない心理的なダメージを相手に与えてしまうのは、叱る目的を考えると逆効果です。

叱ることは、相手の人格を尊重し、その人間を愛している結果です。だから、腹を割って叱ることができるし、相手も腹を割って聞くことができるのだと思います。

叱る相手が従業員や部下であっても、彼ら彼女たちは同じ職場というステージに立つかけがえのない仲間です。その仲間を思っての行動ですから、無神経に人前で叱ることはできません。

もちろん、時と場合によります。その人間にとって人前で叱られることが必要だと思えば、あえてそうすることもあるでしょう。しかし、それは例外です。

私は、叱りたいことがあれば、相手を個室に呼び、膝を突き合わせ、目と目を見て、一対一で叱ります。「お前を叱る俺の気持ちをわかってくれ」という願いからです。それが「叱り」の原則です。

●定期的に個別面談を行っている

いつ、どこで叱るかという問題について、私は一つの方法を取っています。いや、叱るためにそうしているわけではなく、もともと行っているその方法を「叱り」の場としても利用している、といったほうが正しいでしょう。

それは、強いリーダーシップが求められる幹部クラスの社員との定期的な面談です。

ここで大切なのは、必ず私との一対一の面談にすることです。もちろん、場所は個室です。期間としては、だいたい2～3カ月に一度程度。したがってマネージャーたちとは、必ず年に5回前後の面談があることになります。

なぜ各部署のリーダーと定期的な面談を始めたかというと、人を動かすのは最終的には「情」だと思っているからです。必要な情報をメールで送っておけば全て事足りるということは、組織の人事マネジメントではありえません。

一対一で面と向かって、腹を割って、全てを隠さず話し合う。腹に持っているものを、お互いに全て出し合う。そういうことを定期的に訓練しておかないと、本当に組織を有効に動かしていく人事マネジメントはできません。

だから定期的な個別面談は、個々のマネージャー自身の個々の問題をテーマにして成長を促すだけでなく、「こういうやり方で下とのコミュニケーションを取って、まとめてやってくれよ」という私からのメッセージでもあるわけです。

どのように、叱るのか（「叱り」の戦略）

●有効な「叱り」を考えよう

「叱り」には、大前提として目的があると言いました。一般的には、叱る相手の発想、考え方、行動を修正して、成長させるためです。あるいは、組織に属するメンバーそれぞれを一体化させて、一人ひとりの力をより合理的に結集させるためです。

そのためには、有効な「叱り」が必要になります。

「叱り」にも戦略が必要なのです。

私がいつも考えている「叱り」の戦略をアトランダムにあげていきます。

●叱る側が、心から腹を割って話しているか

まず叱る側の心構えとして、腹を割って叱るということです。このことを自分が徹底できていることが、「叱り」戦略の大前提となります。

腹を割って話すことは、自分の心にあることを全て相手にさらけ出す、ということです。心の奥底にある小さな思いのひとカケラも隠さないで相手に伝える、そのうえで認めてもらう、理解してもらう、わかり合うのだというハードルを自分自身に課すことが必要です。

「叱り」には勇気が必要です。人間関係のデリケートな部分にも触れなくてはなりませんし、面倒くさいこともあるでしょう。

しかし、そこにあえて触っていかなければ強固なリーダーシップは発揮できませんし、人は動きません。

その意味で、「叱り」もチャレンジなのです。

◉真正面に座らせる

同じことは、叱られる側にも求められます。つまり「叱り」を成功させるためには、相手にも「とことん腹を割って話してもらう」ことが必要なのです。「叱り」をリーダーと部下の腹を割った話し合いにするために、いくつかのテクニックがあります。

一つは、真正面に向き合って座ってもらうことです。そして、お互いに目を見て話すようにします。こちらもそうしますが、相手にもそれを求めます。

個人面談のために個室にマネージャーを呼ぶと、真正面に座らない人もいます。話す時も、あいまいに視線を泳がせて、なかなかこちらを見ません。これはいまの若い人の「できるだけ対決しない」という習性なのかもしれませんが、それでは「叱り」は上手くいきません。

必ず、正面に座らせる。こちらの目を見て話させる。

これは個性にもよりますが、当社の個人面談ではできるだけそうさせています。

◉相手の目線に立つ、相手の立場を理解する

小さい子どもと話す時は、同じ目線の高さで話しなさいとよく言われます。保育園や幼稚園の先生を見ていると、大切なことを伝えようとする時は、必ずひざまずいて子どもの目線に合わせて話をします。

そうすることによって、相手は素直に話を聞こうという気になるからです。

逆に、大人の論理で上から見下げて話しても、子どもはその話に集中して聞こうとはしません。これは下の立場にある人間の、自然な心理的な動きなのです。

リーダーが部下を叱る場合も、目線の高さを合わせなければいけません。

社長室に呼んで、デスクの前の大きな椅子に座ったまま、横柄に偉そうに叱っても、相手にはほとんど何も響きません。「そうか、今後は社長に見つからないようにやらなきゃな」というような心理が動いてしまうので、必ず同じ立場の椅子に座って、同じ目線で話すようにします。

◉相手との距離感をはかる(性格によって「叱り」の戦略を変える)

「叱り」の戦略といっても、全てのケースに当てはまるものはありません。言うまで

もなく、叱る相手が違うからです。

叱ることは、ロボットにオーダーを入れることとは全く違います。

叱ることは、相手を自発的に変えていくことです。それを変えていくのは、叱られた本人以外にありません。

人は全てリーダーの思うままにはできません。こちらの「叱り」を相手に「共感」してもらわなければ、決して上手くいかない、ということです。

そのためにリーダーには、相手の人間性をよく理解し、どのように叱ればいいのかという戦略を臨機応変に変えていく能力が求められます。

リーダーは、自分が腹を割ることと同じように、社員や部下の人間性を的確に把握して、その対処法を理解していることが基本的に必要だということです。

●全否定はしない、プライドを尊重する（愛がないと叱れない）

叱る相手に対しては、いかに優秀なリーダーであっても、怒り、憎しみ、落胆といった感情が少なからずあるはずです。それはあってもかまいませんが、その感情に任せて怒ってしまってはリーダーとして失格です。

そのことを理解していても、叱っている最中についつい言葉がすぎてしまうこともあります。特に、相手に問題点を理解させたいがために人間性を決めつけたり、プライドを傷つけるようなことを言ったり、存在を否定してしまうような言葉が口に出てしまうことがあります。

相手の性格によっては、「叱り」の戦略としてそういう言い方をわざとする場合もあるかもしれません。しかし基本的には、これは「叱り」ではタブー、やってはいけないことです。

意図的に言うことがあるとしても、そのベースに相手に対する「愛」がなければいけません。「情」と言ってもいいでしょう。

突きつめて考えれば、愛と情がなければ叱れない、ということなのです。

●フォロー（ほめながら）しながら叱る（自分の長所を理解させる）

「相手のプライドを尊重する」と同じようなポイントですが、相手のダメな点を一方的に並べ立てるのは、逆効果になることがあります。自尊心を傷つけてしまったり、逆に自分はそんなにダメな人間なのかというような間違った解釈をしてしまうケースがあるからです。

私は、叱る時は、ほめながら叱ることを意識しています。

叱る内容はもちろん相手のマイナス面ですが、当然人にはプラス面もあります。短所ばかり、長所ばかりという人はいません。叱る側も叱られる側も、それはいつも忘れてはいけないところです。

また、自分の長所を忘れているから、短所が出てしまう、それが叱られる原因になっていることもあります。

「お前には、こんなに良いところがあるよ」

「もっと自分の良いところを出せよ」

そんな言葉が効果的な「叱り」になることもあるのです。

●人は、自分の良い点も悪い点も気づいていない

叱らなければいけないことについて、その人は悪気があってやっているわけではないことが少なくありません。

ほとんどの場合、自分で何が悪いのかがわかっていませんし、自分の良い部分も完

全には認識できていません。

つまり自分は組織のために貢献したいけれども、何をすべきなのか、何をすべきでないのかに気づいていないのです。

この「気づいていない」ことが、その人の成長を決定的に止めている要因になっています。叱ることの第一の目的は、そこに気づいてもらうことです。「気づき」を与えることで人は変わっていきます。

そのためには、多少のインパクトが必要です。仕事中にささやくくらいでは、「叱り」にならないのは誰でもわかると思いますが、さらに個人面談というかたちで徹底的に指摘してあげることが大切です。

自分のために指摘してくれているということがわかれば、彼・彼女は「叱り」によって成長していくことができます。

●応援であることを理解させる

ところが、ここがいちばん難しいところなのですが、叱られた相手はなかなか「自分のために指摘してくれているんだ、叱ってくれているんだ」ということがわかりません。むしろ、感情的に怒られたと思って、心の中で面白くない思いを大きくしていきます。

言葉では出さなくても、「逆ギレ」の気分になっていくのです。

あるいは、早くこの場から逃れることだけを考えて、適当な言葉でごまかそうとします。

それでは、結果として、ただ感情的に怒ったことと変わりありません。

「叱り」は、過激で厳しい応援なのです。

その応援は、リーダーの愛と情から発生しています。そのことを理解してもらうには、それ以前から「腹を割った関係」ができていることが大切です。

●最後に、叱られた内容を理解したか、確認する

どのくらいの時間をかけて叱るかは、その内容にもよります。ふつうは、一対一の面談で30分程度でしょうか。

長ければ良いというものではありません。叱る側がいい気になって、同じことを違う言葉でくり返し述べていると、聞く側はだんだんしらけてきます。その問題を考え

る集中力が鈍ってくるからです。

「叱り」は、一対一の会話の中で行われます。相手から、こちらが望むような返答や態度が見られるようであれば、こちらの「叱り」の内容を理解したとみなし、結論を述べて切り上げるようにすべきです。

ただし、最後に大切な仕事があります。それは、叱った相手が、何を叱られたのかをわかったのか、どのように理解したのかを確認することです。こちらが伝えたいことを自分で言わせてみるのも良いでしょう。

論点がずれていたりして、こちらの意図を理解していなければ、いくらわかっているようでも修正してあげなければいけません。

●理解されたとわかったら、解決の方法は、自分で考えさせる、相手に任せる

さて、「叱り」の意図が理解されたようです。

その時、さらに解決の方法までくどくどと述べて、そのとおりにやれば間違いないからと念を押すリーダーがいますが、これは、あまり上手い方法ではありません。

「叱り」は、トップダウンです。しかし、その提起された問題点を、本人がどのよう

に受け止め、自分でどのように改善していくのかが大事なのです。そこに、さらにトップダウンでレールを敷かれてしまえば、本人のやる気は頭打ちになってしまうでしょう。

自分でどうするのか——。まずそのことを自由に考えさせ、自由にやらせてみることが、「叱り」の最後の目的を達成させていくために非常に重要なことです。それは本人のいちばんの楽しみになることでもあり、自分を成長させていくことの醍醐味でもあります。

第3章

本気で叱れないアナタは、何を訓練すべきなのか

従業員や部下と腹を割って付き合えないアナタに

●従業員や部下との関係を「意図的に」良くしていく方法

「叱れば叱るほど成長する」

「叱った相手から心から感謝され、尊敬される」

そんな部下や従業員ばかりだと、どんなに楽なことでしょう。

しかし、部下や従業員がそうならないのは、彼ら彼女たちのせいではありません。

アナタの「叱り」が、いい「叱り」になっていないからではないでしょうか。

では、アナタが部下や従業員に対して本気のいい「叱り」ができないのは、なぜか。

その理由は、腹を割って話せる人間関係がベースとしてできていないからだと思います。

「叱り」は、決して簡単なことではありません。非論理的に叱っても、反論され、逆ギレされて、こちらが謝ることになるかもしれないのです。だから叱る側も怖いものです。叱る側も、チャレンジなのです。

無理に叱ろうとすると、ぎこちないし不自然だし、相手にはなめられてしまうかもしれません。そんな恐怖もあるでしょう。

しかし、そうしたことも、相手とのあいだに腹を割って話せる関係ができていれば問題ありません。

「叱り」に失敗したとしても、根にもたれるようなことはありません。むしろ、自分のために頑張って叱ろうとしてくれるアナタに好感を持ってくれるはずです。

それはやはり、腹を割って話せる関係ができていればこそ、なのです。

腹を割って話せる関係は、意図的につくっていくことができるはずです。アナタがそのための努力を怠りさえしなければ……。

腹を割って話せる関係は、どのようにつくっていけば良いのか。それはお互いの個性にもよるでしょうが、基本的に「大事にすべきこと」がいくつかあります。これをまず、確認しておきましょう。

●挨拶は、必ずリーダーのほうから

「おはようございます！」

大きな声で元気よく挨拶すると、声をかけられた人もパッと笑顔になります。挨拶とは、そういうものです。特に朝いちばんの「おはよう」は大事です。考えてみると、挨拶は幼稚園の子どもでも知っている人間関係の基本でしょう。人間の子なら、わざわざ教えなくても挨拶くらい覚えます。みんながやっているから、真似するのです。

ところが、大人になって職場に出ると、これができなくなってしまう人がいるのです。挨拶をしない主義というわけではなく、やっと聞こえるような小さい声で、面倒くさそうに「はよざいあーす……」とかなんとか言っているのです（笑）。

これは、なぜなのでしょうか。職場の人は知り合いだけど友だちではないから、できるだけかかわりたくない、ということでしょうか。あるいは眠いだけなのかもしれません。

しかしどのような理由でも、このような変な挨拶の声が出る職場、あるいは声さえ発しない人がいる職場では、そこの空気はたいへん重たいものになっているはずです。ただただその場から逃れたいから、早く帰りたいから、みんな黙って仕事をしているような空気です。

これは、腹を割って話せない集団と言えるでしょう。そんなところに、本気のいい「叱り」が発生するわけがありません。叱るべき場面があってリーダーがそれに気づいても、結果として感情的になり、内面的には上下間のケンカになってしまいます。

職場に快活な挨拶がないのは、リーダーのせいではないでしょうか。

いつも難しそうな顔をして、部下や従業員から挨拶されるのを待っているくせに、挨拶をされると「おう」とか「ああ」とか言って忙しいふりをする。アナタはそんなリーダーになっていませんか？

まず、職場にいる全ての人が元気に屈託なく朝の挨拶ができるようにすること。そのためには、リーダーが率先して、最初に、いちばん大きな声で、最高の笑顔で、挨拶ができるようになることが必要です。

経営者なら資金繰りに困って憂鬱な朝もあるでしょうが、挨拶はそれとは全く関係ありません。ためいきはあとまわし、元気な挨拶が先です！

●悪いと思った時、即座に謝れる準備があるか

挨拶とともに大切なのが、感謝の言葉、あるいはお詫びの言葉です。

コミュニケーションがよく取れていて、チームワークもいいグループでは、感謝とかお詫びといった堅苦しいことを思い起こすこともなく、「ありがとう」「ごめんなさい」という言葉が会話の中に出てくるはずです。

まだぎこちない仲間であっても、意識して「ありがとう」「ごめんなさい」をタイミングよくきちんと言うようにすれば、お互いの距離は日々縮まっていくものです。

これはリーダーも同じです。部下だから感謝の言葉なんかいらない、謝らなくてもいい、ということはありません。言葉の選び方は考慮すべきですが、その気持ちはきちんと言葉で相手に伝えるように心がけておかなければいけません。

ところが、これができない経営者、管理者、リーダーがとても多いのです。部下に対して悪いと思っているのに、その気持ちを言葉にせず、かえって偉そうにすることでごまかすリーダーがどれだけ多いことでしょうか。

人間関係というのは、とても些細なことがたくさん積み重なってできていきます。「上司が悪いのに、悪いという素振りさえみせない」と部下が思ったら、そのイヤな気持ちは心の澱（おり）となって沈み、それが蓄積されれば「この上司には絶対に心を許せない」という、もはや取り除くことのできない汚泥になっていきます。

そんな従業員や部下は、表面的には笑顔で接してきても、心の底にべったりと汚泥が残っていて、絶対に腹を割って話してはくれません。リーダーのほうがいかに腹を割ってきても、受け入れることができないのです。

こちらが悪いことは素直に躊躇なく謝ることができる、そのうえできちんと叱れるリーダーにならなければいけません。

●当人がいないところで悪口は言わない

私は基本的に悪口が嫌いです。

悪口というのは、当人に直接言うのではなく、その人の悪いところを第三者に向かって言うことだと思います。そもそも卑怯ではないかと思います。

また、悪口を言っても白分にとっていいことなんて何もありません。天にツバを吐くようなもので、結局は白分が傷つくか、自分をダメにするか、どちらかです。

しかし、メンバーが一体となっていない組織では、どうしてもどこかから「悪口」が聞こえてくるようになります。「給湯室での会話」などと表現されますが、特に30代や40代の「古株」に多いことは、よく言われることだと思います。

心情的な仲良しグループだけで（つまり自分が攻撃されない場でのみ）コソコソと発露される、なんともいやらしい他人への口撃です。

相手がいないところで非難しても、それはなんの解決にもならないではないかと思うのです。

前向きに建設的に解決を求めているのではなく、その人を仲間外れにして笑いものにしたいだけなのでしょう。それは陰湿なイジメそのもので、気持ちの悪い、タチの悪い行動です。

カゲで悪口を言うことは、腹を割って話すことの「真逆」です。悪口が好きな人は、たとえ仲のいい人に対しても決して腹を割って話せないはずです。

組織の人事マネジメントに徹して言えば、そのような人はグループから排除しなければなりません。しかしその前に、リーダーがきちんと叱れなければいけません。

ところが、叱るだけでは解決になりません。叱ることによってたとえ悪口を言わなくなっても、解決ではないのです。なぜなら、その人の根本にある「腹を割って話せない」という部分は直っていないからです。同僚だけでなく、上司や経営者と一対一で本音を言い合うチャンスを、たくさんつくってあげることが大切だと思います。

悪口がはびこるような陰湿なムードは、放っておけばグループに蔓延していきます。そのムードはどんどん「腹を割って話せない組織」にしていきます。箱の中に1個でも腐ったミカンがあれば、ほかの健全なミカンもどんどん腐っていくのと同じです。

そうなる前に対処が必要です。

●一対一で話し合う機会を意図的につくっているか

一対一で、話すことが苦手な人が増えています。

一対一だと、真面目に考えて論理的に話さなければいけないので苦手、というわけではありません。人間関係として、親しくない人と一対一になるのがイヤなのです。

したがって、話し合いだけではなく、二人で帰る、お昼ごはんを一緒に食べる、サシで酒を飲むということは全て避けようとします。最初から、腹を割って話さないのが人間関係なのだ、と考えているようなものです。

このような人は、チャレンジ精神も全くないだろうと私は思います。

そもそも人は、それぞれ違っているから面白いのです。その違っている部分が人間関係によって交わることで面白いことが起こるのです。

グループの中では、相手の個性を受け止め、こちらの個性を表現することが難しくなります。一対一の時こそそれができる、だから一対一はワクワクします。そういう人もたくさんいると思います。

いまは、そこを避けようとする若い人が増えてきました。

異質のぶつかりは多少の波風が立つのが当たり前で、それが刺激になって成長する（変化する）わけですが、その波風さえ、彼らにはうっとうしいのでしょう。相手のことを「オタク」と呼び合うような、無機質な感覚を感じてしまうのです。

リーダーは、そのような空気を決して組織やグループ内に持ち込んではいけません。「腹を割って話せる関係」が全く育たなくなってしまうからです。

中には、一対一が苦手というリーダーもいますが、自分自身を変えていかなければ組織はボロボロになっていきます。

リーダーは、組織やグループ内で「一対一で何かをする機会」を意識して増やしていくことが大切です。そういう場に慣れれば、一対一で話すほうが伝えやすいし、理解しやすいのが当たり前なのです。

当社では、各部署のリーダーと経営者である私の二人だけで行う「個別面談」を定期的に行っています。経営者（部署のリーダー）が従業員（部下）と膝を突き合わせて話すことは、組織を良い方向に持っていくために、とても有効だと思います。

最初は、仕事の話ではなくてもいいと思います。趣味や世間話など、相手と話せる話題で心をほぐします。「そんな話は職場でいつもやってるよ」と言われるかもしれませんが、そうではなく個室で一対一で会話をすることが大切なのです。

◉社内（グループ内）イベントを企画する

企業などの組織メンバーは、必ずしも友だち関係である必要はないと思います。年齢や趣味で集まっているサークルのメンバーではないのですから、個々の関係はバラバラで当然なのです。

だから、メンバーを無理に仲良くさせようとして、いろいろな社内イベントを企画しても、なかなか上手くいきません。社内で協力して仕事をやる仲間ではあるけれども、別に友だちになりたいわけではない。その意見は、うなずけると思います。

あくまでも仕事の仲間というドライな関係を保ったうえで、腹を割って話せる関係をつくっていきたいわけです。もちろん、その中で結果として友だち関係が生まれてもかまいませんが、それはもう組織の人事マネジメントとは別の問題になります。
ただし、腹を割って話せる関係というのは、友だち関係ではなくても「仲がいい関係」であることに間違いはありません。組織全体が腹を割って話せる間柄であれば、社内イベントも楽しい盛り上がったものになるはずです。

少しずつ社内の雰囲気が腹を割って話せる関係になってきたら、リーダーは社内イベントへの配慮も大切です。「みんなで目標達成するぞ！」という、とても有意義なイベントになるでしょう。

当社でも、現在のように組織が拡大する少し前までは、さかんに社内イベントが行われていました。繁忙期直前の決起集会や、その後のお疲れさま会のように、仕事に関連したものばかりでなく、社員旅行やフットサルチームなどの部活動など、とても良い雰囲気で行われていました。それは、確実に業績の向上に影響したと思います。

当時は、私自身も若い経営者でしたし、社員も私より少し下の若い、同じくらいのスタッフが多かったから上手くいったのかもしれません。また、企画イベントの旗振り役となるキーパーソンが出現したことも成功の要因でした。

仕事とは別に、社内の雰囲気をリードするキャラクターを見つけて、そのスタッフに企画を提案してもらうようにすると良いと思います。

●友だち同士のような「なあなあ」の関係はやめる

リーダーシップを発揮して、何のために組織をまとめるのか、人事マネジメントを行っていくのかというと、もちろん経営計画や事業計画を達成し、経営戦略を成功に終わらせるためです。

それは、企業が社会で何のために存在しているのか、どのような貢献していくのかを示すことに繋がりますし、ひいては社員やその家族を幸福にすることに繋がります。

人事マネジメントは、そのために経営者が行うべき重要な仕事です。

これまで述べてきたことは、「組織の雰囲気を良くすること」に繋がりますが、仲良しグループをつくれば目的が達成できたと思っては失敗します。友だちづくりが、人事マネジメントの目的ではないからです。

仕事は辛いからせめて従業員同士仲良くしましょう、ということではないのです。

だからこそ、腹を割って話せる関係が必要なのです。

中小企業には、いつも人材難という問題があります。黙っていても優秀な人間が集まる大企業と大きく異なるところです。だから、経営者は従業員をとても大切にします。それは、たいへん結構なことです。

しかし、有能な従業員に対して「腫れ物にさわる」ような接し方をしてはいけません。中小企業の経営者、特に起業した創業者は、厳然と自信を持ってトップダウンができる人間でなければならないのです。

従業員が大事なのは間違いありませんが、だからといって友だち関係になったり、仕事に直接関係のない部分は全て従業員の自由にさせたり、わがままを許したりしてはいけないのです。従業員ごとに態度を変えるのは最も卑劣なことで信用を失う原因になります。

リーダーは全ての部下や従業員に対して、常に毅然としていなければいけません。芯となるものをしっかり持って、そこからブレずに、全体をまとめなければいけません。リーダー自身がブレていては、叱ることもできません。

経営者の人間性こそ、最後は起業した会社が存続できるか否かの分かれ目になるのだと私は考えています。

本気で叱れないリーダー、タイプ別アドバイス

1 「カッコつけようとするリーダー」は、足りない面を補完する相棒を持て！

リーダーには「器」が必要ですが、器の大きな人がリーダーになるとはかぎりません。リーダーになって初めてリーダーとは何かを理解して、経験を経て、リーダーらしい器を獲得していくケースがほとんどです。

したがって、リーダーになりたての人は、どうしても「カッコつけようとする」傾向があります。

当社の仕組みでは、リーダーとして、マネージャーや店長という職があります。若い会社ですから、リーダーになるのも20代中盤から後半ばかりです。みんな優秀だからマネージャーや若くても店長になっていくわけです。ところが、そのようにトントン拍子でリーダーになると、そこで必ず壁にぶつかるのです。

店長であれば、最初は調子がよくても、半年くらいでスタッフが言うことを聞かない、急に売上が上がらなくなってきた、スタッフのモチベーションが下がってきた、というようなことが起こってくるのです。

初めてリーダーになった人間が10人いたら、10人ともそうなると言っていいほどなのです。

なぜ壁にぶつかるのでしょうか。それは、いままでと違うリーダーとしての自分を演出しようとして、逆に自分らしさを失ってしまい、リーダーの思いが部下に伝わっていないからだと私は思います。

それまでは自分をさらけだして、腹をくくって仕事に集中していたから、業績を上げることができました。しかし、評価されてリーダーになると、やはり「自分は偉くなった」という思いと、「下とは違うところを見せつけなければいけない」という思いがあって自分を見失ってしまうのです。

部下に形だけカッコつけて難しい言葉で指示しても、本当の意味では動きません。それは、リーダーとして真剣に、組織に向き合っていないからです。

つまり、まだリーダーとしては役不足なのです。

そこで、そのリーダーを個別に呼んで上手に叱ると、すぐに気づいてもらえます。自分自身も、背伸びするのに疲れているのです。いままでどおり、逃げないで向き合う姿勢を取り戻せばいいんだと、わかってくれます。

経営者でも、同じことが言えます。

起業することは、人生で初めて経営者になる、ということです。とうとうオレはずっと目標にしてきた社長になったぞ、という気持ちは否定できないでしょう。

しかし自分が思う社長像を、現実で真似していると、人事マネジメントなどは全くできません。従業員からそっぽを向かれ、事業は思うように動かず、自転車操業のような仕事になって、やがて会社をつぶしてしまうことになるのです。

これは私自身の体験談でもあります（その恥ずかしいお話については第4章で詳しく述べるつもりです）。

大切なのは、自分がそこ（カッコつけようとしていること）に気づくことです。

本人には自分の問題点がわからなくなっているので、起業する時には自分（社長）を客観的に見て叱ってくれるアドバイザーやメンターを持つことは、とても大切なことです。

2 「上層部の考えで部下を動かすリーダー」は、芯を持ち、自分自身で判断せよ！

「自分の言葉を持つ」ことは、とても大事です。自分の理念を持ち、それを維持して、そこからブレない姿をリーダーは示さなければいけません。「本気の叱り」「人を成長させる叱り」は、そのようなリーダーから自然に発生するものです。

「上層部の考えだから」という部下に対する指示には、「その上層部の考えと自分の考えは違うんだけど……」という裏の意味が臭ってきます。

それに対して部下のほうからは、「違うのなら、その違う意見を上層部に言ったのか？」と言いたくなる印象です。

「あなたは、ただ聞いたことを伝えているだけなのか」となります。それは、自分の信念を通すことができない、ブレているということであり、自分たち（部下）を大切にしていないということにも通じます。

つまり、リーダーとしての信頼をガタ落ちさせているのです。

自分の信念や理念をしっかりと持ち、そこからブレないことはリーダーの大切な条件なのです。

では、そのために何が必要でしょうか。

私は、何かを100パーセント信じてチャレンジする勇気だと思います。信じる勇気がチャレンジする勇気に繋がるのです。

会社の方針を部下に伝える、あるいはコンサルタントの意見に従って経営戦略を立てるのはいいとしても、それが自分自身の判断になっているのか。結果は同じでも、自分自身で考えて判断したものか、そうでないかによって、部下への伝わり方は全く違います。

上層部の意図を心から信じること、自分が啓発された意見をとことん信じきること、そして自分自身がチャレンジしていくのだという強い意識を持たなければなりません。

そこに本当のリーダーシップが宿ります。そこから本気の「叱り」は生まれます。

仕組みの中でリーダー役を演じている人は、次第に自分自身を失っていくものです。それはおそろしいことに自分自身では気づきにくいのですが、まわりのメンバーや従業員には簡単に見えてしまいます。

メンバーや従業員を導いていく核（信念や理念）を持つことが、リーダーには求められているのです。

3 「熱量は高くても人を動かせないリーダー」は、戦略を持て！

このようなリーダーに欠けているのは「戦略」です。

話は上手いから、熱量はメンバーに十分に伝わります。目標達成を願う気持ちは驚くほど強く、そこに進もうとするエネルギーは生半可ではありません。多くの人がその熱意をくみ取って、一緒にやろう、応援しようという気持ちにさせられます。

しかし、冷静に考えてみると、メンバーは途方にくれるしかない状況です。

大きな目標と熱意はわかった、でも具体的に何をやれば良いのか、どのような順番で、とりあえず何を目標にしていけばいいのか、皆目見当がつきません。

熱意は伝わっていますから、メンバー同志、飲みながら大いに盛り上がります。でも翌朝、目を覚ますと、何をすれば良いのかわかりません。「昨夜はなんであんなに盛り上がったんだろう」という気分に、だんだんなっていきます。

理想よし、言葉よし、熱量もたっぷり。人を動かす準備は万端でした。ところが、最後に伝えるべき肝心の「戦略」が彼にはなかったのです。

「よしわかった、やったるで！」と、熱量を注入することには成功しましたが、「そのためにどうする」という具体的な動きの指示がなかったのです。

メンバーや従業員をその気にさせたあとで、

「では具体的に、こういう目標を持とう」

「その達成のために明日からこういうことをしていこう」

「それができているかどうか、こうやってチェックしていこう」

というように、具体的なアイデアを示し、メンバーや従業員の毎日のルーティンワークの中に組み込んでいくのです。そして、具体的に行動が変わったかどうかを個々でチェックさせるのです。

そこまでできれば、人はわくわくして行動に移します。自分を変えていくことにモチベーションを持つことができます。それは組織をまとめ、力のベクトルを集結して、成果を上げることに繋がります。

リーダーは、戦略の方向性を基準に、ブレずにしっかりと、本気で叱ることができます。

熱量を持って信念や理念や理想を伝えたら、そのための戦略も一緒に伝えてあげること。それが本当のリーダーシップだと思います。

4 「他人に任せられないタイプ」は、自分の視線を変えていく努力をせよ！

他人に任せられないタイプのリーダーは、職人とマネージャーの違い、職人仕事とマネジメントの違いを理解することが必要です。

職人は、特別な技能や経験を持った仕事人です。それは自分の仕事だけでなく、ほかの人の仕事もやってあげられるくらい優れているから、お金をもらって仕事をするわけです。つまり、注文をもらって仕事をするということです。

職人は、さまざまな注文に応えなければいけません。発注元の頭にある仕上がりの理想を、現実にするのが職人の仕事です。

マネージャーは逆に、その注文する側と言えるでしょう。職人に、求めている理想を的確に伝え、必要なものを集め、頭の中の理想を（職人に）実現させることが仕事です。

経営者の仕事は、後者のマネージャーの仕事です。

起業する人は、自分が会社で職人としての能力を発揮して業績を伸ばした結果として、独立して会社をつくるケースも多いでしょう。その時、絶対に必要なのが、いま述べたような「職人とマネージャーの違い」をはっきりと理解して、自分がマネージャーの仕事もしなければならないということを意識することです。

起業したばかりの頃は、職人として仕事をやっている率が大きくなるのは仕方ありませんが、それを少しずつマネージャーのほうにシフトしていき、最終的にはマネージャーだけにすることを目標にしなければいけません。原則的に、現場仕事をしないというのが、人事マネジメントの鉄則なのです。

そこを曖昧にしていると、人間が育たず、組織としての成長が遅くなります。いつまでも忙しくて苦しい社長さんになってしまうので、なんのために起業したのかわからなくなってしまうのです。

自分の視線を、職人の見方からマネージャーの見方に変える。それは真逆のことなので簡単ではありませんが、意識して変えていく必要があります。

5 「感情的に怒って叱れないリーダー」は、自己の人間性を高めよ！

職場の時間と空間は、オフィシャルなものです。個人の自由になるものではありません。基本的に、自分自身の個人的な感情は関係がない世界です。子ども時代にはなかった大人の世界とも言えるでしょう。

それは、リーダーであっても同じなのです。

ところが、勘違いしているリーダーは、仕事の世界においても子どものように、怒りの感情をさらけ出してしまいます。相手が友だちや部活の後輩かのごとく、無遠慮にぶつけてしまいます。

怒っている人には、言動のはしはしに相手を痛めつけてやりたいという欲求に駆られていることが見え隠れしています。問題とは関連のない過去の失敗を持ち出したり、容姿や能力を遠回しに（あるいは直接的に）貶したり、人格を否定するような言葉を投げつけたり、というところに表れるのです。

リーダーだから許されると思っていますが、それは言葉の暴力です。パワーハラスメントでしかありません。本人は、指導している、叱っていると思い込んでいても、怒りをぶつけているということは相手に、周囲にバレバレなのです。

喜びの感情を表すのは、何も問題ではありません。むしろ積極的にさらけ出すべきでしょう。しかし、怒りの感情を仕事に持ち込んで爆発させるのは賢明なリーダーのやるべきことではありません。

感情的になっているかどうかは本人としては気づきにくいかもしれませんが、周囲からみれば明らかです。その時リーダーは、大きなものを損失していることに気づかなければいけません。

自分が感情的になっている、怒っている、このままでは叱れないと感じた時は、少し時間を置いて「このまま怒ったら自分にとっても組織にとっても大きなマイナスになる」ということをしっかり意識すべきです。

リーダーとしての資格や器がある人間であれば、しばらく意識すれば冷静になれるものです。

そのうえで、いま相手に何を伝えるべきかを考えます。そして、意識して「叱り」として表現するように工夫するのです。

もちろん、目的は自分の怒りの代償を求めることではなく、相手の成長であり、組織力の向上なのです。

リーダーシップを発揮する方法がわからないという人は、日頃から物事をいつも客観的に見て、最善の方向はどちらかを考えるクセをつけておくといいと思います。それは難しいことではなく、人間として基本的に求められる理性であるはずです。

会社は経営者の器に応じて大きくなる、と言われます。結局は経営者の人間的な質が、その事業の成功を左右することになると私は考えています。特に起業したての会社では、経営者の人間的な質が将来を大きく左右しています。

経営者や部署のリーダーは、このように基本的な人間性がいつも問われているポジションであることを理解し、常に自分自身を見つめ続けるように努めるべきです。それは、リーダーの重要な仕事だと思います。

6 「相手を思いやり、甘やかしてしまうリーダー」は、ブレない芯を持て！

腹を割った人間関係をつくれない人間はリーダー失格。くり返しそう力説してきましたが、それは「親しい友だちのような関係」とは大きく異なります。

それを混同してしまうと、いろいろな理由で相手（部下や従業員）に対して必要のない「おもんばかり」をするようになり、結果として妥協してしまう、甘やかしてしまう、なあなあの関係で流されてしまう、ということになっていきます。

リーダーは、いつもワンマンであり、カリスマ性を持っていなければなりません。日常的なやりとりの中でそれが忘れられていたとしても、組織にとって非常に重要なポイントに立った時には、やはりリーダーのワンマン性、カリスマ性がしっかりと表れていることが必要です。

リーダーは、たとえ気安い友だち関係をつくっていたとしても、いつも手綱をコントロールしていなければならない、ということです。

また、リーダーたるもの、「決して譲れないもの」を胸に抱いていなければなりません。人間のいちばん深いところに心棒を持っていなければいけません。それは、決して情に流されていいものではありません。

これはとても大切なことですが、忘れてしまっている経営者が実は少なくありません。

社員に好かれる社長を演じることが、強迫観念になっているのです。会社を辞めないでほしいからか、おだてて仕事をしてもらっている社長が少なくありません。そうなってしまうのは、最初に社長の理念を共有させていないことに原因があります。どうでもいいことは「なあなあ」で良いのですが、事業の方向性や取り組み方については、自分の理念を曲げてはいけません。従業員に合わせてはいけないのです。いい人を演じることは時に必要なことかもしれませんが、そのためにリーダーが自分を見失っては本末転倒です。

芯を持つこと、そこからブレないこと。そして、自分の命と引き換えにしてでも組織を成功に導くという強い意志を持つこと。それは、どのような個性を持つリーダーにも欠かせない資質だと思います。

◉リーダーには補佐役が必要

叱ることは、上から目線でモノを言うことです。叱られるほうから「あなたに言われたくないよ」と思われてしまったら、そこでリーダー失格です。

ですからリーダーの理想像を追求すれば、全ての面で完璧に従業員や部下よりも上でなければならない、ということになってしまいます。

でも、そんなスーパーマンがいるでしょうか。いるわけがありません。

では、なぜスーパーマンではない人が、類まれなリーダーシップを発揮できているのでしょうか。それは、自分自身の足りない部分を理解し、その補強のために周囲の力を最大限に活用する能力に長けているからなのです。

この節の最初で、「カッコつけようとするリーダー」は、足りない面を補完する相棒を持て！　と述べました。これは広い意味で、「リーダーとは何か」という命題に的確に応えている回答の一つです。

全てに完璧なリーダーはいません。数字に弱い、世情にうとい、相手の気持ちに気づきにくい、優しすぎる、詰めが甘い……。いかに優秀なリーダーでも、どこかに弱点があります。でも彼ら彼女たちは優秀なリーダーなのです。

なぜなら、優秀なリーダーは自分の足りない部分を強く自覚し、逆にその部分で強い「相棒」をパートナーにしていくからです。それは社内にも社外にも存在します。そうやって自分の弱点、会社の弱点を補強することを意識しながら人脈を広め、お互いに「ウィン・ウィン」の関係をつくりあげていくことが、優れたリーダーの条件と言えるでしょう。

そのスタートは、「自分自身を知る」ことです。自分が闘う世界の中で客観的に自分自身を観察し、分析し、評価／批判できる、ということです。それが自然にできるのは、やはりその人がブレない芯を持っているからです。

起業した会社が伸び悩んでいる原因は、社長自身のマインドにあります。新しい自分に変わって、自分自身を改革できれば、周囲が変わり、会社が変わっていきます。

つまりは、起業を決断して実行した、あなた自身の問題なのです。

起業前の段階でこのことに気づいている人は、パートナーを巻き込んで起業計画を立て、二人三脚、あるいは三人四脚で創業にこぎつけます。それでいてリーダーとしての自覚を失わず引っ張って行ける人は、会社を着実に成長・拡大させながら将来にわたって維持させていくことができます。

第 4 章

起業を通して実感！本気で叱れば道は開ける

私はなぜ起業し、挫折し、そして成功に転じることができたのか

さて、そろそろ私自身のことをお話ししなければいけません。

これまで、人の動かし方を全てわかっているスーパー・カリスマ・リーダーのような顔をして「叱り」について述べてきましたが、実は私自身、叱ることがなかなか上手くできない起業家でした。

というよりも、その重要性を理解していなかったと言うべきでしょうか。

「チャレンジせよ、腹をくくって仕事にかかれ、腹を割って人間関係をつくっていこう！」ということは、私自身かなりの熱量で訴えてきましたし、起業から数年の従業員にはしっかりと伝わってきたと思います。

しかし、私自身「叱り」は、決して上手くはありませんでした。ストレートにバシッと叱るよりも、遠回しに表現したり、相手を気づかったり、慰めたり、というほうが得意というのが、私のもともとのキャラクターだったのです。

起業したての頃は、従業員を実際の家族のように思っていました。だから、会社に

対して悪いことをした社員も、すぐにクビにはできません。

親というのは、子どもが悪いことをしても、すぐに家から追い出したりはしないと思います。それは、このまま家を追い出しても、とても社会ではやっていけないと考えるからです。

私にも、そのような思いがありました。会社のお金を使い込んでギャンブルしているのがわかった時も、「いまクビにしたら、こいつはきっと路頭に迷うだろう」と考えました。自分がきちんと育てなければいけないと考えて、辞めさせられないのです。

もちろん「もうしません」と謝罪されます。それで許すのですが、また裏切られたりします。それでも私は、やっぱり最後は許してしまうのです。これは、もしかしたら経営者失格なのかもしれません。でも、そうせざるをえないのです。

私は中学からアメリカンフットボールをやっていて、ずっとキャプテンでした。そういうところから、仲間うちを大事にする「情」というものが私の心に色濃くしみついてしまったのかもしれません。

それは自分自身に対しても同じだったと思います。

結局、それが間違いだったということに気づいて、私は自分自身を変えました。

そして、組織というものを強く意識するようになり、そこにいる従業員をまとめる、育てるということを考えるようになりました。

その気づきがなければ、私の会社は倒産していたかもしれません。また、その時気づいたからこそ、現在の成功があるのだと思っています。

私のこれまでを振り返ると、起業で失敗する人のケースと、成功する人のケースと、二つの要素が含まれているように思います。私の起業から成功までのストーリーにしばらくお付き合いください。

当社の急成長の原動力は「人」、「組織」

●社長になってお金持ちになりたかった

私は13年前の2005年に、初めて社長になりました。

私は、中学生の頃から社長になりたい、いや自分は社長になるものと思い込んで、そのまま大人になりました。そして、ふつうに社長になりました。

私は、なぜ社長になりたいと思ったのでしょうか。

ちょうどバブルの時代で、日本は世界一の経済大国でした。日本中の大人が羽振りのいい話ばかりしていて、「お金さえあれば人生は全てＯＫ」というような幻想を、日本人全員が信じられていた時代でした。

私はもともと人一倍負けず嫌いで、自分が一番じゃなければ気が済まない性格でした。これは現在でもそうです。だから、大人がたくさんのお金を稼いでいるのを見て、オレも負けないぞ、いまに見ていろという気になったのだと思います。

豪邸に住んで、真っ白のベンツに乗って、超高価なシャンパンを毎晩のように飲んで……。自分もそんな生活ができるようにならなければダメだと、なぜか中学生の頃から思い込んでいたのです。

そう思いたってからは、サラリーマンになることなどはこれっぽっちも考えたことがありませんでした。ただし、特に「何がやりたい」ということはなく、ただ自分は社長になるということだけを信じて、10代を送っていたのです。

◉「オレならできる」という根拠のない自信に満ちていた

中学生の頃からお金持ちに憧れて「社長になる」と考える人もいると思います。しかし、そのように思い描いた自分の将来を、大学卒業後も同じように信じて生きている人は珍しい、とよく言われます。たいていは成長とともに現実を受け入れ、それは何もわからなかった子ども時代のほのかな夢だった、ということになるからです。

私は、特に親から実業家になるための帝王教育をされたわけではありません。

父親はサラリーマンで、母親は専業主婦です。ほかの一般の家庭と同じです。

ただ、父親はかなり「自信過剰」の性格で、同じような血が、私にも流れているのかもしれません。

しかし「根拠のない自信」がなければ起業などできない、というのも私は正しいと思います。私にもそんな根拠のない自信、というよりも「オレが負けるわけがない」という強い気持ちが小さい頃からありました。言い換えれば「オレが負けてはいけない」という思いです。

その気持ちは、石にかじりついても、という表現がありますが、さらに「自分の腹を切ってでも」成功するという気概に通じているかもしれません。それは論理ではなく、心の葛藤です。

いろいろ考えてみると起業は難しい、そういう考えに至るのがむしろ当たり前です。しかしそこで立ち止まれば、「小さい頃の夢は社長になりたかった」だけで終わります。論理的に難しく現実的には無理なのかもしれないけど、成功する根拠はないけど、やってみる。それが人生だと、私は思っています。

その生き様を私は従業員に見せていますし、同じようにやってくれというメッセージをいつも送り続けています。

私も最初から叱れるリーダーではありませんでしたが、その経営者としての生き様は、創業してから数年までの従業員には正しく伝えられたと思います。それが現在の会社の勢いをつくっていったのだと思います。

◉不動産会社に転職

大学を卒業する時、私は社会に出て数年のうちに起業するつもりでいました。しかし、とりあえず「何をやりたいか」ということは皆無でした。卒業後、何をやるかの見当がつかなかったので、私は就職課の先生に相談しました。

私は、営業を学びたいということだけを伝えました。

すると先生は、こう言いました。

「いま日本でいちばん営業が厳しい会社は、事務機を扱うR社だ。いずれ起業したいのなら、そこで徹底的に営業を勉強したらどうだ」

私は、そうしようと思ってR社に入社しました。

営業の仕事は、確かに厳しいものでしたが、私は決して嫌いではありませんでした。自分で稼ぐ気分がして、やる気が出ました。

そうした中で、お客様として出会ったのが、ある不動産業の社長でした。私のことを気に入ってくれて、飲み屋に連れて行ってもらったりするようになりました。

ふとしたことから私は、自分はいま社長になるための修行でこうして営業の仕事をしているが、やがて退職して起業するんだ、というような話を、その社長にしていました。なぜか社長は私を買ってくれていたので、なんでも話せたのかもしれません。

でも、それが私の現在を決める一言になったようです。

「それなら、不動産業で起業すればいい」

社長はそう言って、自分の会社に来るように誘ってくれたのです。

私は、酔っぱらいながらも、何かしらの変化がやってきたような気がしました。

そんな時は、黙って見ていたら負け。即座に流れに乗らなければ勝てないのです。

変化はチャンスです。即断即決でチャレンジしなければ、何も起こりません。

私は二つ返事で、快諾しました。ただし、ニコニコしながら、すぐに次の言葉を付け加えることを忘れませんでした。

「わかりました。でも僕は2年で辞めますよ。2年間でひととおり不動産業のことを覚えたら起業しますから」

社長は笑って握手を求めてきました。

2年というのも、その時とっさに口をついた期間で根拠はありませんでした。

●「そろそろ起業するか」と思って……

私は不動産会社に転職しました。その会社の事業は、主に賃貸仲介業でした。

不動産の仕事は全くわからなかったので、とにかくなんでも修行だと思って、その会社で賃貸業について勉強しまくりました。自分がどのような会社をつくるか、まだ何もイメージはできていませんでしたが、いまできることに全力をあげることが全てだと思っていました。

全力で仕事に取り組んだおかげで、約束の2年で賃貸業種についてはほぼマスターしました。そこで、次は土地の開発や売買について勉強しようと考え、地元の長浜（滋賀県）に戻って土地開発・デベロッパーをやっている会社に再就職しました。

その面接の場面でも、私ははっきりと宣言しました。

「将来的には、独立して起業したいと考えています。御社で土地開発やデベロッパーとしての仕事を覚えたら、1年で辞めます」

面接をしていただいたのは社長だったと思いますが、ほかの幹部の方と顔を見合わせていました。ダメかと思いましたが、結果は合格で、働けることになりました。

1年で辞めるつもりでしたから、ここでも私は仕事に全力を注ぎました。

しかし月日は、すぐに経過してしまいます。気がついたら、辞めると宣言していた1年に近づいていたので、私は「そろそろ起業するか」という気になっていました。最初から1年で退職して起業すると決めていたので、特にかまえることもなく、ただその時が来たからそうするという気持ちでした。1年という期間にも根拠などありませんでした。やる気だけでした。

無鉄砲のように見えるかもしれませんが、それは私のチャレンジ精神の発露でした。とにかく、やらなければ何も始まらないのです。

でもこのようなチャレンジ精神、とにかくスタートするという行動力は、必ずなんらかのチャンスに巡り逢うものです。

その頃、私にも運命の出会いがありました。

●20代後半で独立、開業

地元の不動産会社で営業の仕事をやっていて、私はある経営者と知り合いになりました。地域で飲食店などの事業を幅広く経営されている方でした。

その経営者から、これから不動産事業にも参画していきたいので、私にマネージャーとして来てくれないか、というお話をいただいたのです。

その社長は不動産業には全くの素人で、経営については全て私に任せる、ということでした。私は、近々独立して自分自身で不動産業の会社を設立するつもりでいるから、と丁重に断りました。すると社長は、

「それでいいんだよ。君は心置きなく不動産業で起業してくれ。私がスポンサーだ」

そう言うのです。

完全に独立したかたちでの起業ではありませんが、事業については全て私の自由にしていいということだったので、私はこのお話に乗ることにしました。

こうして２００５年12月に設立されたのが、有限会社エム・ジェイホーム（現在の株式会社エム・ジェイホーム）です。

私自身の営業力を活かして、新しい不動産会社の利益はトントン拍子に上がっていきました。半年後にはサブリース事業の立ち上げのために１００％子会社を設立し、さらにその１年後には管理事業をスタートさせました。

やがて６店舗をかまえ、従業員も25名となりました。

私はその頃から、従業員とファミリーのような関係性をつくっていきました。それは意図してというよりも、自然にそうなっていったのです。

私も含めてみんな若かったので、仲間のような感じでした。それでいて、きっちり仕事はするチャレンジャー集団ができていました。

◉英語教育の事業をスタート

私が経営者となった不動産会社の売上は数年のうちに急激な成長をし、経営者としては、これからこの会社をどのように飛躍させていくのか、そこが最重要課題となっていました。

私は、企業の経営戦略として、全く新しい事業への参画を考え始めていました。不動産業とは関連のない、全く別の事業への参入です。その発想は、私の素朴な疑問から始まっていました。

それは、日本の教育制度は先進国の中でもトップクラスだし日本人は優秀とも言われているのに、なぜほとんどの人が大人になっても英語を話せないのだろう、という疑問でした。

経営のグローバル化がどんどん進んだいま、日本の中小企業も海外との関係抜きではやっていけなくなりつつあります。そこで多くの企業が苦労しているのが、英語が話せる人材がいない、ということです。

日本では中学校から大学まで10年間もかけて英語教育を受けているのに、なぜこんなひどい状況なんだろう。私はやはり、英語教育の在り方に問題があると思いました。

そこで、英語教育の事業を立ち上げようと考えたのです。

こうして2012年、株式会社イングリッシュアイランドを設立、教育事業をスタートさせたのです。

●完全独立、株式会社として再スタート

右肩上がりの成長は、とどまることなく続いていました。2012年4月には、当社の管理戸数は1000戸に達して、翌年4月には2000戸を超えました。

従業員たちを引っ張っていくリーダーとして、私はくだんの経営者が所有している会社の傘下から、そろそろ完全に独立する時期が来ていると感じていました。さらに成長して会社を大きくするには、それは越えなければならない高いハードルでした。

私は社長と談判し、完全に独立した会社にしてもらうための道筋を探しました。社長からの要求は決して容易なものではありませんでしたが、私は決断し、個人で大きな債務（2億円の借金）を背負って親会社との関係を完全に切ったのです。2013年でした。

翌年4月には、管理戸数は3000戸、資本金を2000万円に増資しました。

２０１５年には、従来の管理部をＰＭ事業部に組織改編しました。これは、ただ賃貸物件を管理する事業にとどまらず、大家さんの資産評価や運用方法なども行い、より有効な投資や相続税対策などの相談にも応じていく、というものです。

２０１６年には、管理戸数は４０００戸を越え、さらに全く新しい分野の福祉事業もスタートしました。

●なぜ福祉事業に参画したのか

不動産事業を行ってきた当社がなぜ、全く異なる畑の福祉事業を行うのか、経営者である私の発想をお伝えしたいと思います。

人材は企業のエネルギーです。一人ひとりのモチベーションが結集した組織は、周囲が「そんなことはとても不可能」と思うようなことをラクラクと実現してしまいます。そしてまた、次の目標に向かって羽ばたくのです。

そのような企業が増えることは、国を繁栄させることに繋がります。日本人全体がより幸せになれるのです。

そのスタートが、人材だと私は思っています。

しかし、中小企業はいつも人材難という問題を抱えています。若い人が少なくなっていることも大きな原因の一つでしょう。

そうした中で、能力のある優秀な人材なのに働く機会に恵まれない人たちがたくさんいることを私は知りました。

よく知られているのは「ひきこもり」です。チャレンジの意欲を全く失くしてしまった人たちです。しかしそこには、重度の差はあれ、発達障害という生まれつきの障害が関与していることも少なくありません。

発達障害の子どもたちは相手の思っていることがわからず、ほかの人たちが当たり前にやっているように、気を回したり、空気を読んだりということができません。そのため、まわりからは行動が勝手なものに見られてしまうのです。学校生活や職場などでも阻害されやすく、さらに、いじめなどの対象になりやすいのです。

しかし、仕事ができないわけではありません。むしろ、職種によっては非常に高い能力を発揮することもあります。職場の人間関係で注意すべきこと、仕事で注意すべきことなど、さまざまなことを理解し、役立つ技術を訓練によって身に付けることによって、一般の職場でも立派に仕事ができるようになるのです。

そこでは、雇う側の組織の理解も不可欠ですが、ふつう企業にはそのような認識はありません。中小企業ならなおさらですから、両者の架け橋となって、マッチングしてくれる存在が大切になります。

あるいは、うつ病などで休職してしっかりと療養しても、治癒したあとで職場復帰が難しくなることも大きな社会問題になっています。そのための支援は、まだまだ十分ではありません。病気は良くなったのに職場復帰が難しい人たちの数と比べて、その支援の場が少なすぎるのです。

さまざまな困難があって職場から見放されている人たちを、なんとか就労の方向に歩ませてあげたい。また、彼らの勇敢なチャレンジの結果、仕事ができるようになったとしても、その後のフォローがなければなんにもならない。それは、事業としていま求められているものだと私は考えました。

そうした事業に参画することは、大きな社会貢献になるはずです。大きなニーズがあるので、事業としても有望です。若くて勢いのある私たちのような企業がそこに参画していくことは、とても有意義だと考えています。

そしてさらにもう一つ、全社員が「自分は社会に貢献しようと頑張る会社に所属しているんだ、勤めているんだ」という誇りを持ってほしいということも、強く思っています。

世の中にとっていい会社であること、それは個々の従業員（とその家族）の幸福にも繋がる、とても重要なことだからです。

挫折からの復活

●成功の過程で味わった苦渋とは

私の起業ストーリーは現在も続いていて、これから先、死ぬまで続くことになります。そのエンディングがどうなっているのか、私には全く見当がつきません。

ただし現在までの章は、「ハッピーエンド」になっているように思えます。いまのところ、私はいわゆる小さな「成功者」だと思います。

それは、同じ志を胸に日々頑張ってる社員のおかげであり、お客様のおかげであり、さらに私と出会って導いてくれたさまざまな経営者のおかげだと思います。全てが良い方向に絡まりあって、現在まで上手くいっています。

しかし、ここで少し違う話をしなければいけません。

実は、この起業ストーリーの中で、意図的に避けてきた話があります。いままでの内容を読むと、皆さん、私の会社は常に順風満帆で、経営者としては辛いことが何もないまま成功を収めてきたように感じるかもしれません。しかしそれは、もちろん違います。

私は、いちばん重要なポイントを述べていません。実は、そのようなことが私の中であったからこそ、私の起業は（いまのところ）成功に結び付いていると思うのです。

そのことを、これから述べていきたいと思います。

●愚かだった、起業したての私

私は、自分の将来について初めて意識するようになる年齢の頃から、自分が社長になることを思い描いていました。業種よりも、社長でした。それは、単純にお金持ちになりたかったからでした。社員よりも社長のほうがお金持ちなら、私は社長になるべきだと思っていたのです。

そう思い込んでそのまま社長になったのですから、実際に社長になって、しかも利益が順調に上がって儲かったらどうなるか、皆さんにはもうおわかりだと思います。

そうです、私はどうしようもない「成り上がり者」になってしまったのです。

高級ベンツを乗り回し、指や胸には高価な宝石が輝いていました。

お酒が大好きですから、超高級バーでいちばん高いシャンパンを開けてはホステスを喜ばす、酔っぱらってキャバクラへ行って一晩中遊ぶ、朝まで飲んで遊んで、翌日の出社はお昼近く、そして6時になったらまた夜の街へ……。

社長になって間もなく、私はそんなおバカな毎日を送るようになったのです。

湯水のように会社のお金を使っていれば、なくなるのが当たり前です。飲み代だけでも、月に数百万も使っていました。

その頃の私は経理などには興味がなく、経営数値なども全く読めませんでした。

どのくらいのお金なら遊びに使ってもいい、という計算などもありませんでした。

だから、お金が必要な時に銀行の残高を見て「ないじゃないか！」と気づくことがよく起こりました。時には、給料日前日に現金がほとんどないこともありました。

そういう時は焦り、怒り、社員を大声で怒鳴り散らしました。いつも、そうやって尻をたたいて営業成績を上げさせていたのです。目標を達成できないヤツには、灰皿が、椅子が、飛んで行きました。

結局、業績は常に右肩上がりだったので、たとえ資金がショートしても銀行がなんとかしてくれました。

その頃、私は自分が王様だと思っていました。自分の夢が実現できたと思いこんでいたのです。

◉店長がスタッフを連れて退職、ライバル店を設立？

ところが、世の中はそう甘くはありません。自分のバカさ加減に、私は少しずつ気づかせてもらいました。

その一つは、社員でした。

優秀な社員が一人、また一人と辞めていったのです。

そのうちの一人は店長で、あろうことか同じ店で働いていた4人のスタッフも一緒に連れて退職し、すぐ隣で同じ不動産業の店を始めたのです。

私は、カーッと頭に血が上りました。

しかし、冷静になってみると（よくしてやったはずなのになぜなんだろう）という思いでいっぱいになりました。私には全く理解できなかったのです。

（なぜ、そんなことをするんだろう……。何が不満だったのだろう……）

それでも、私の負けず嫌いの性格が表れてきます。

（あんなヤツら、いなくなったって、募集すれば人はまた入ってくる。こっちは資金力があるんだから、負けるわけがない……）

実際、ウチのほうが勝って、隣にできた店舗は数年で店じまいとなりました。

しかし、退職者がぽつぽつ出るようになって、社内には微妙な動揺の空気が感じられるようになっていました。

私は、それまで経験したこともないような不安におそわれました。

（社員が一人、また一人と、これからも辞めていったらどうなるんだろう。彼は大丈夫だろうか、彼女は大丈夫だろうか。みんな辞めちゃったら、膨大な借金を自分一人で背負うことになるのだろうか……）

経営というものを勘違いしていた自分にとって、それはありえない屈辱であり、また耐えきれない恐怖でした。

●豪遊にも飽きてきた

もう一つのきっかけは、高級外車を乗りまわし、毎晩のように高価なお酒を飲んで豪遊していることに飽きてきた、ということです。飽きてきたというよりも、虚しさを感じるようになってきた、と言ったほうがいいのかもしれません。

子どもの頃からの夢ですから、毎晩のように豪遊できる自分に満足していました。

しかしそれが毎日となると、なんのために大金をはたいて遊んでいるのか、意味がわからなくなってくるのです。自分の夢がそうだったから、無理に豪遊しているような気さえ、してきました。

もともと高級外車が好きなわけではないし、高額なシャンパンが飲みたかったわけでもありません。お酒は好きですが、店の女の子に飲ませるより、友だちや従業員たちと居酒屋で安くて上手いツマミを食べながらいも焼酎を飲んで、くだらない話をしているほうが性に合っているのです。

正直、楽しくなくなっていました。

豪遊をしはじめて、たった半年で、そんな風に感じるようになったのです。

無理に背伸びをしていたことは、自分でもわかりました。そんな自分に、少し嫌気が差していました。

「仕事（会社経営）とも社員とも真剣に向き合わないとタイヘンなことになるぞ」

私はそう思いました。

◉人事マネジメントを何もやってこなかった……

私は、自分の夢は外車を乗り回して毎晩朝まで豪遊することではない、月に何百万も使って遊ぶために頑張っているんじゃない、自分の目標はそんなちっぽけなものであるわけがない、と思うようになりました。

そこに気づいてから、バカな遊び方はしなくなりました。

また、それよりももっと大事なことに気づきました。それは、会社は経営者一人のものではない、ということです。会社の売上は社長一人で獲得したものではないし、その全てを社長一人で自由にできるものではない、ということでした。

なぜなら、会社経営のためには人が必要だし、お金が必要だからです。

そんな当たり前のこともわからなかったのです。

職場をふと見ると、社員たちも、ただ自分自身の収入のために営業成績を伸ばそう、ノルマをクリアしようということだけが関心事という雰囲気でした。みんな若くて同じような年代だったから仲はよかったのですが、それは個別なもので、決して「強い組織」ではありませんでした。

私は、従業員がいるから会社は成り立っているという、きわめてシンプルな事実に気がつきました。そして、従業員をまとめて組織をつくること、つまり人事マネジメントを経営者は行わなければいけないという当たり前のことを知ったのです。

私は愕然としました。その大事なことを、全くやってこなかったからです。

それが、私が起業して最初で最大の転機でした。

この「気づき」がなければ、当社はおそらく数年ののちにダメになっていた可能性は大きかったと思っています。

●リーダーとしての本気の「叱り」ができていなかった

私はもともと、「人と人は腹を割って話せるような付き合いをしなければならない」と考える人間でした。相手に対して腹に隠し事を秘めていては、とてもまともな付き合いなどできないと、学生の頃からそう思っていたのです。

人事マネジメントができていなかったと反省する以前、成績が悪い店の店長に灰皿や椅子を投げつけて怒鳴るやり方は、私自身の正直な感情でした。相手がそれを受け止めてくれると思っていたから、やっていたのです。

しかしそれは、「叱り」ではなく感情に任せた「怒り」でした。相手のことより自分のことを考えた対し方でした。経営者としての付き合い方ではありませんでした。個々の従業員を導き、全体で組織として企業の目標達成に力を結集させるために、私がやってきた行動は何も役に立っていないことに気づいたのです。

当時は意識していなかったと思いますが、私はその頃から「怒り」を「叱り」に変えられるように、自分自身を変えていったのです。

●人事マネジメントのために経営者は「芯」を持て

人事マネジメントをしっかりやっていくために、あるいは「怒り」を「叱り」に変えていくために、私は何をすべきかを必死で考えました。そして、理解しました。

そのために必要なことは、経営者自身が己の生き様に「芯」となるものを持つ、ということでした。自分の支えとなる信念、精神、魂といったものを、心の奥底に秘めているかどうか。

それは、起業する者が経営者として成功するかどうかを厳しく左右する、絶対に譲れない条件だったのです。

自分の中にある「芯」とはなんだろうか。

私は考えに考えました。そしてとうとう、「チャレンジする生き様」こそが、自分にとって唯一、とことん信じきれる信念であることを明確にすることができたのです。

私は「チャレンジ」をベースに、当社の経営理念をつくりました。

そして「チャレンジ」という芯となる部分を、従業員が日々の業務の中でしっかりと意識し、共有し、行動の原理としてもらえるように、「怒り」を「叱り」に変えていきました。

この時初めて、私が以前から持っていた「腹をくくる」「腹を割って人と付き合う」という信念が生きてきたのです。それは、「チャレンジ」の精神に通じるものだからです。

私はさらに「チャレンジ」からつくりだした経営理念から経営戦略を練り、経営計画を立て、それを社員に徹底させ、全ての現場に落とし込んでいくようにしました。

当社の本当の飛躍は、そこから始まったのです。
その具体的な内容は、第5章で述べたいと思います。

●「チャレンジ」して初めて、生きる意味がある

私が自分自身の芯は何かを考えていた時に、ふと思い浮かべていたのは、元プロレスラーで現在は参議院議員であるアントニオ猪木さんが、引退する時にリング上で言った言葉です。
これは一休さんのモデルとなった室町時代のお坊さん、一休宗純が最初に言ったという説もあります。こんな言葉です。

『道』
この道を行けばどうなるものか
危ぶむなかれ　危ぶめば道はなし
踏み出せばその一足が道となり　その一足が道となる
迷わず行けよ　行けばわかるさ

猪木さんはブラジルから帰国後、一流のプロレスラーになりました。そして引退後は国会議員になり、イラクで起きた日本人の人質救出にも一役買いました。

会議で話し合うことはもちろん大切ですが、それだけではゼロのままで何も進みません。とにかくやってみる、恐れず行動してみることが大事だと教えてくれています。なんだかんだ議論していても本当の世界はわからない、やってみればわかるのさ、ということです。

私は、猪木さんの挑戦に対する不屈の姿勢が大好きで、自分の扇子にこの言葉を書き込んでもらって、持ち歩いて毎日読み返しています。

そしてこの言葉ほど、経営者が従業員にかけてあげるのにふさわしいものはないのではないかと私は思っています。

また、猪木さんには、こんな名言もあります。

馬鹿になれ　とことん馬鹿になれ　恥をかけ　とことん恥をかけ
かいてかいて恥かいて　裸になったら見えてくる
本当の自分が見えてくる

本当の自分も笑ってた　それくらい　馬鹿になれ

馬鹿になれないというのは、自分を取り繕っているからだと思います。どこかで守っているのです。それは隠し事があるということであり、腹を割って付き合える状態ではありません。

目標を達成する、起業した会社を成功させて永続させる、そのためにはなりふりなどかまっていられません。私は、失敗したら自分の腹を切るくらいの気持ちで事業に取り組んでいます。そうやって、銀行からお金を借りています。

そういう社長の生き様を従業員に見せ、また言葉でも伝えていけば、それで人事マネジメントは上手くいくのではないかと私は思います。

起業時、発展期、拡大期、それぞれの人事マネジメントを考える

●もう一つの転機

私が、経営者の仕事をしていなかった、人事マネジメントをやっていなかったと痛感したのは、２００９年の頃でした。その頃から私は経営者としての自覚を持つようになったし、会社全体も変わっていきました。一つの転機でした。

その後、もう一度、転機を迎えました。

それは、５年前の２０１３年に入社した一人の社員でした。現在、当社の執行役員で、アセットマネジメント事業部の統括マネージャーの任についている大村佳です。彼女が入社してから、社員全体が一体感を持つようになりました。いつも元気をふりまいているので、まわりにいるほかの社員も自然に元気が伝染するような、いい循環ができたと思います。

◉社内イベントでチームが結束

大村は入社前からの知人でした。19歳で結婚し、子どもを出産したのちに22歳で離婚するという苦労をしていますが、暗さとか困難さのかけらも感じさせません。

離婚した彼女は仕事を探していました。当社のある長浜市の二つ隣の市に住んでいましたが、たまたま当社も事務員さんが退職することになって人手を探していたので、少し遠いとは思いつつも最初はアルバイトのつもりで来てもらうことになりました。

しかし外で働いた経験はほとんどなく、不動産の仕事も初めてでしたから、最初の3日間で本人はすぐにやる気を失くしてしまい「辞めたい」と申し出てきたのです。

即決即断は、私と似ていました。初めての会社なのに、まわりの人間と大きな声でよく話していて、その話もとても上手いことも気づいていました。私は営業に向いていると思い、とりあえず社員の親睦会のようなものを企画してやってくれればいいからと、引き止めたのです。

彼女は持ち前の明るさで、すぐに社員と仲よくなりました。それからはもう、当社の雰囲気は大村がメインストリームになっていったのです。

彼女が企画して私にプレゼンしたのは、大型バスを借りての社員旅行、夏期休暇なのに社員同士のバーベキュー大会、フットサルクラブ結成、ゴルフコンペ、繁忙期に入る前の決起集会、繁忙期が終わってからの慰労会などなど、数え上げたキリがありません。私は、社員が「やりたい」と言ってきたことには、基本的に全てやらせます。「チャレンジ精神」優先だからです。

社員たちは、大村の入社とともに、高校や大学の同好会の気のいい仲間のようになっていきました。雰囲気がとても良くなったのです。

このような親睦の企画から生まれてくる雰囲気は、会社のチームワークやコミュニケーションに多大な貢献をしています。みんなが腹を割って付き合う社風、遊ぶ時は遊ぶがやる時はやるという根性をつくりあげたと思います。

◉親睦や雰囲気をリードするキーマンも必要

大村は、また営業の仕事も頑張りました。不動産事業の営業など全く知識も経験もないはずなのに、相当数の契約を取ってきました。お客様からの受けもよく、わからないことだらけながら一生懸命勉強してやっている姿に信頼をえているようでした。

私の見立てどおりでした。

面談の時、私は「あの頃、どうしてあんなに頑張れたんや」と、あらためて昔のことを聞いたことがあります。彼女はこう答えました。

「社長にもそうですけど、とにかく会社のみんなに喜んでもらいたい、というのがありましたね。ド素人の女の子なのに、こんなに頑張っている、えらいなあ、すごいなあと言われるのがほんとに嬉しかった（笑）。あの頃、会社の雰囲気がものすごく盛り上がっていたので、もっともっと盛り上げたい、みんなで笑いたい、そのために頑張っていたようなものですね」

この答えは、私にとってもよく理解できるものでした。

5年前の入社以来、社内の空気は全て彼女がつくっていくようになりました。遊びも頑張るけど、仕事だって負けへんで、というような空気です。

私自身、社員には「やりたいことがあったら、なんでも言ってこい。責任はオレが取るからやってみろ」といつも言っていましたから、社員は自分で自由に考えて仕事をやっていました。

大村は知らず知らずのうちに、そんな集団にしていくリーダーシップを発揮していたように思います。

このような役割は、どうしても上の立場である経営者やリーダーには難しい面があります。社員の中で適任者を見つけて、メンバーの親睦をはかって和を強く大きくする役割を与えるのは一つの方法です。

◉女性のリーダーシップを意図して活用する

大村は、自分の力で子育てをして生きていかなければならないという現実に直面していた時に当社にやって来ました。そのタイミングもよかったのだと思います。「女だから」とか「シングルマザーには無理」という周囲の目に反発するかたちで、彼女なりに一番を狙って頑張ったのです。思わぬリーダーの出現でした。

女性をリーダーにすることに躊躇する経営者も多いかもしれませんが、優秀で自信のある女性は、ものごとを白黒つけてはっきりと考えるし、言うべきことは言うので、リーダーシップは持っているはずです。ただし、部下となる男性の中には女性を認めたくないという気持ちがどうしても拭いきれない人もいるので、リーダーとなった女性は苦労することは間違いありません。そこをどう割り切ってできるかですが、チャレンジさせるのにふさわしい人材であればやらせてみるべきだと私は思います。

注意しなければいけないのは、女性は感情的になりやすく、そうなっている自分を冷静に見られない面がある点です。そこは、経営者が男性であれば、注意深く見ていてフォローしてあげなければいけません。あるいは、信頼できる男性の相棒を付けて、二人三脚でやってもらうのもいいでしょう。

女性は、屈託のない天性のチャレンジ精神を持っている場合が多く、それは組織の人事マネジメントに大いに役立つと思います。

●組織が広範囲に拡大した時の課題

大村が入社した5年前はちょうど当社が親会社から完全に独立した頃で、私自身もいよいよ自分の事業を拡大していこうという意欲に満ちていました。

その熱が社員に乗り移ったということもあったと思いますが、いずれにしても当社はこの5年間で予想通り、あるいはそれ以上に飛躍しました。従業員も急激に増えて、グループ全体で150名を越えました。

同時に事業所や店舗などの拠点も増えていきます。それは「分散」という言い方もできるわけで、そうなると、経営者が考える人事マネジメントも、やはり創業当初から数年、10年くらいまでのあいだとは異なってくるのが当然でしょう。

ともすればグループ全体における「叱り」に一貫性がなくなったり、矛盾が生じたりすることもあるわけです。

理想としては、「チャレンジ」をベースとした当社の経営理念を個々の従業員が理解し、自分自身の私生活も含めた行動の原理としながら、各拠点がそれぞれ独白のカラーで生き生きとした組織づくりができていることです。

しかし、急激に社員が増えた現実では、それは決して簡単なことではありません。

まだ小さい組織だった頃と同じような、ごうごうと音がするほどの渦をつくる一体感や仲間意識を、そのまま各拠点に求めることはとても難しくなっています。

例えば、かつてはエキセントリックなチャレンジ集団だったとしたら、現在はぐっと「普通度」が高くなっていることは否定できません。

これは仕方のない面もあります。

この問題に対して、私は、各拠点のトップがそれぞれのリーダーシップを発揮して独自のカラーの組織をつくればいいと考えています。企業が拡大する時には、どうしてもそこが必要になります。

しかし、大村はこう言います。

「私たちが仲良くなって仕事もパワーアップしたのは、社長のリーダーシップがあったからです。その熱さや覚悟は、やはり経営理念なんて言葉じゃ伝わりません。だから、社長が一人ひとりの社員に声を掛けてほしい。社長の思いをナマの声で伝えてほしい。うち（当社）はまだまだ、それが必要な会社です」

「従業員は、誰でも、上から承認してもらいたい欲求があると思います。私も、そうです。会社のトップから認められるほど嬉しいし、やりがいになります。そこを、ぜひ社長にお願いしたいです」

経営者は、企業が急激に成長して大きくなった時、どのように社風を維持していくのか、必ず悩むようになります。社風も自然に拡大していけば良いのですが、創業者のカリスマ性が高いと、その拡大のところでつまづくこともあります。

しかしこれは、個別に悩んで解決するしかないと思います。

当社でも、今後の課題です。

第 5 章

経営の基本を押さえておかないと、起業しても会社は消滅する

社会に必要とされる企業になるために、経営者が考えるべきこと

●起業した企業はほぼ全滅

本書の冒頭で述べたように、起業した会社の1年生後の存率は、わずか4割です。つまり、起業しても6割は1年以内に倒産してしまうのです。しかも、起業して1年間は必死になって頑張って、生き残りの4割に入ったとしても、2年目以降は安泰となるわけではありません。

起業した会社の5年後の生存率は15％、10年後は6％、そして20年後にまだ存在しているのは0・3％にすぎません。まさに「千に三つ」です。

言い換えれば、起業した会社のほぼ全ては消えてなくなっている、ということです。

起業を考えるアナタは、この厳しい数字をどのように見ているでしょうか。

●経営の基本がわかっていない

企業は社会に貢献するために存在するものですから、必要のない企業は自然に淘汰

されてしまいます。逆に言えば、社会に必要とされる企業は、必要とされるかぎり半永久的に存続するということです。

しかし、そうしたニーズやトレンドに合致する会社をつくったとしても、ほとんどが創業まもなく消えていってているのです。特に、起業して1年や2年でなくなっていく会社は膨大な数になります。

事業のねらいはいいし、ビジネスモデルの発想もいい。マーケットもある。起業に参加した仲間もいいし、従業員もいい。人事マネジメントも上手くいっている。経営者は起業への覚悟ができているし、腹を割った人間関係もつくれる。リーダーシップも申し分ない。成功は目に見えているように思える……。

起業する直前、直後には、それまで熟成させてきた大きな夢に向かって突っ走る自分たちの姿をはっきりと思い浮かべることができていたはずですが、やはりダメなのです。

何がダメなのでしょうか。それは、経営の基本をわかっていないからなのです。

本書の最後に、存続して継続的に社会に貢献できるための会社の経営手法の概略を、簡単にまとめてみたいと思います。以下、私が考える経営の3原則です。

経営の3原則 1

企業経営と経営戦略

◉企業経営には経営戦略が不可欠

企業を経営することは、それを世の中で半永久的に継続させるということです。「新しく企業を立ち上げて、儲かったらつぶして余生を楽しもう」というような考え方は、そもそも企業経営にそぐわないものです。

企業は存続するものであり、それとともに成長していくものです。成長は、拡大とはかぎりません。ある程度まで大きくなったら、現状維持を続けていくという企業経営の展望があってもいいわけです。

しかし、会社の規模は現状を維持するとしても、世の中は変化するものですから、かつて成功したビジネスモデルに執着していては取り残され、やがて企業の存続は難しくなっていきます。それは、残酷なくらいにドライな変化です。

したがって、企業はいつも革新し、成長していかなければなりません。

企業は、創業したとたんに、存続と革新という使命を背負うことになるわけです。

このことをまず、忘れないようにしておきたいと思います。

そこで、企業戦略というものが必要になってきます。

●趣味と会社経営の違うところ

経営とは、どういうものでしょうか。

まず、畑を思い描いてください。会社で行う事業を、一つの畑とします。

私が起業した時の会社で言えば、不動産事業がその畑でした（現在はほかに教育と福祉という二つの事業も行っています）。

起業時の畑はまだ荒れ放題です。雑草を取り、肥料を施して耕さなければなりません。そして種を購入し、まくのです。芽が出て成長しても、いろいろな管理のための労力が必要になります。

収穫してお金になるまでには、時間がかかります。たくさんの収穫物を得て、たくさんのお金になることを夢見て、先行投資をしていくわけです。

順調に作物が育てば、やがてたくさんの実がなります。自分たちが食べる分（借金の返済や給料・広告費などのコスト）を除いても、まだ余ります。これは、来年また畑に蒔く種や肥料代となります。さらに余った分は、不作だった時のために取っておきます（会社の余剰金）。

しかし、お代官様に収める年貢（税金）のことを忘れてはいけません。余剰金が多ければ多いほど年貢も多く払わなければなりません。

自分たちが食べる分や不作に備える分（利益）を多く取りすぎると、翌年に蒔く種（投資）が少なくなります。儲かったからといって社長が給与を取りすぎると、次の投資が心もとなくなり、事業は先細りしていくわけです。逆に、最初の年は少しガマンして次の年に備えると、翌年の収穫高はそれだけ大きくなります。

翌年への投資は、種ばかりではありません。もっと畑を大きくすれば、もっとたくさんの種をまくことができ、収穫も大きくなります。

ただし、畑を大きくする資金はあっても、そこで働く小作人たちの食べる分（人件費）を忘れてはいけません。あるいは、継続的に小作人の食い扶持を稼ぐ（ランニング・コスト）よりも、最初に耕運機を購入したほうが（イニシャル・コスト）合理的だし将来的には安く上がります。そう判断すれば、またやりくりを考えることになります（設備投資）。

あるいは、収穫する実の品質を上げることによって、あるいは、品種改良して珍しい種類のものをつくれば、もっと高く売れるのではないか、という発想もあります。そのためにもっと高い肥料を買う、畑の一部を品種改良の研究に使う、といった行動になっていくわけです。

このようなことは、趣味の家庭菜園では考えません。経営だから、来年のことを考え、さらに将来まで継続して成長していくことを考え、いま手を打っていくのです。自分のためばかりではなく、会社のため、従業員のためという視点が必要です。

手を打つために必要なのが、お金の読みです。そして、中期・長期の会社がどうなっているのかという目標の設定です。

この事業によって、来年はお金がどのくらい入ってくるのか、入ってきたお金はどのように分配するのか、どこに投資するのか。それが、経営者が必ず考えることになる経営戦略です。

◉事業の多角化、三つの方向性

畑がどんどん大きくなると、収穫量も大きくなっていきます。一方で、そこに投資するお金も増え、万が一の時のリスクも大きくなっていきます。ひどい台風が来て、その畑の作物が全滅という危機も考えておかなければなりません。

事業も、一点で利益の量（額）を大きくするよりも、分散させて利益の数を大きくしたほうがリスクは小さくなります。また、分散させた各事業所の伸びしろも大きくなるので、発展の可能性は大きくなります。

そこで、最初につくった畑を大きくしていく一方で、ほかの場所にも畑をつくることを考えます。これが「事業の多角化」で、会社が大きくなっていくうえで必然的に踏んでいくべきステップの一つとなります。

事業多角化には、①水平展開、②垂直展開、③事業ドメインの多角化という、三つの方向性があります。以下、簡単に解説します。

①水平展開…同じ事業を地域を変えて新しく展開する

一番手っとり早いのは、ほかの場所に畑を確保して、そこで同じ作物をつくることです。これが事業多角化の「水平展開」です。作物をつくるノウハウはすでに持っているので、資金面でも技術面でもさほど難しいことはありません。

同じ事業とはいえ異なる場所が拠点になっているので、リスクは分散できます。また、独自の自慢の作物（ブランド）をより広い範囲に広げるという意味でも有利です。

②垂直展開…個々の店舗の売上を上げていく

いま持っている知識や技術、販売ノウハウなどを、さらに充実させることによって、ビジネスを拡大していく展開方法もあります。これは「垂直展開」と言います。

つまり、畑の数を増やすのではなく、従来の畑をそのままに、そこで得られる収入（利益）を大きくしていこうとすることです。

そのためには、従業員を増やす、仕入れコストを下げる、商品の品質を上げることで価格を上げる、などの方法が考えられます。ここでも投資が必要になりますが、自分の畑ではどの部分にどれだけ投資すれば最も効率的に売上が上がるのか、そこを先見性を持って考えることが経営者です。経営者の醍醐味と言えるでしょう。

さらに「川上戦略」や「川下戦略」をとる企業もあります。急成長して世界的に発展した『ユニクロ』が、これを行っています。

従来のアパレル販売業者は、洋服のデザインや製造を専門業者に委託し、できあがった製品を卸業者から購入して売っていました。あるいは、自分たちが企画して製造したブランドを委託販売していました。『ユニクロ』はこれを全て自社で行っているのです。

製品の企画・製造・マーケティング・販売と、川の流れの全てを自社で行うのですから、それだけ利益は上がります。また、世の中のトレンドに敏感に反応して川上（企画・製造）や川下（在庫管理）などをコントロールできるので、より消費者のニーズに合った商品を素早く市場に置くことができます。

畑でいえば、品種改良を行って種自体を自分たちでつくる（川上戦略）、収穫した商品を自社で販売する（川下戦略）ということなります。

これも事業の「垂直展開」になります。

③事業ドメインの多角化

「ドメイン」は、領域や分野という意味の英語です。事業の領域や分野を全く新しくしていこう、というのが「事業ドメインの多角化」です。「いままでは野菜ばかりつくっていたけど、これからは果物にも挑戦していこう」ということです。

農業では古くから「二毛作」という戦略があります。コメ農家であれば、6月頃に田んぼに稲を植えて秋に収穫するので、収穫後から翌年の6月まで、田んぼは「何も働いていない」状態になります。そこでその間、春に収穫できるムギを育てて収益を上げよう、というわけです。

台風が来てコメの収穫が打撃を受けた場合には、なんとかムギで頑張ろうということになるので、収益を上げるだけでなくリスク分散というメリットもあります。

このように経営資源（畑や田んぼ）をより有効活用しようという場合のほかにも、隣の事業、あるいは全く異なる事業に参画していこうという場合もあります。

当社の場合、創業当初からしばらくは「不動産賃貸事業」の一本足打法でした。数年のうちに収益は確実に増えていき、従業員も増えて安定的な収益が読めるようになってきたので「事業ドメインの多角化」に取り組みました。

しかし、全く新しい事業を、全く新しい場所で展開するというのは、もう一つ新しく起業するようなものです。ようやく安定してきたところで、そのようなエネルギー消費は大きな賭けとなります。

私は、それまでの当社の経験と実績を活かせるように、それまでの作物と似た作物を、隣の畑でつくることを考えました。

それまでやってきた賃貸仲介業の畑の隣には、賃貸管理・建設工事・不動産開発事業などの畑があります。私たちが踏み入れたことのない畑ですが、従来の賃貸仲介業を行いながらたくさんのチャンス（情報）が得られる畑でもあります。それは、私たちがいままで拾ってこなかったもので、もとの畑が安定してきたからこそ得られるものでもありました。これを活用して、前述の新しい事業に少しずつ参画していこうとしたのです。

従来の経営資源を活用し、さらに先行投資も行いました。しかしそれは、無理のない範囲で可能でした。リスクを最小にしながら異なる市場を狙う時には、まずは「隣の市場に展開する」ことがコツです。

◉VSTFの流れで着実に現場を動かし、実現していく

このように見てくると、経営者が経営戦略を考えるのは、しごく当たり前のことのように思います。しかし、このようなことを断片的に、あまり脈絡なく、もっと言えば意味もなく思い付きで、考えている経営者（起業家）は多くても、しっかり戦略として、最終的な結果を実現させているケースはほとんどありません。

起業を成功させるために、あるいは会社の従来の事業を革新して飛躍させるためには、経営者の頭の中にあるデザインを現場の業務フローに落とし込んでいく作業が重

要になってきます。

その際、有効なのがVSTFです。単純に図式化すると、次のようになります。

▼V（vision）＝目標
↓
▼S（strategy）＝戦略
↓
▼T（tactics）＝戦術
↓
▼F（fight）＝戦闘

●目標を明確にして戦略を立て、現場に落とし込む

まず、戦略を立てる前にあるべきものは「目標」です。当然のことですが、経営者は自分の会社の目標を具体的に明確にするところから始まります。そして、そのための戦略を、ここまで述べてきたようなことを基本として考えていきます。

戦略が立ったら、具体的に、どの部署の誰がリーダーとなり、どのような行動を取って実行するのかを組み立てていきます。つまり「戦術」です。

あとは、その戦術を遂行するために、個々のスタッフをどのように動かすかです。これは現場での「戦闘」ということになります。現場での個々の戦闘は全て戦術に従っていて、その戦術は戦略によって組み立てられています。戦略は、会社（経営者）の目標を達成するためにあるわけです。

この流れが一貫していれば、全社一丸となって目標に進んでいることになります。この流れをつくる原動力となるのが、本書で述べてきた人事マネジメント、つまり本気の「叱り」で象徴されるような腹を割った人間関係だと私は考えます。

●現場のスタッフに目標意識を植え付ける

現場のスタッフは、ただ仕事を与えればそれをやればいい（給料をもらうために、上司に怒鳴られないために）と考えます。しかしそれだけでは、なかなか組織は動きません。躍動しないのです。

自分たちがやっている仕事（戦闘）は、全体でどのような戦術になっているのか、その戦術はどのような経営戦略のために生まれたのか、そして戦略自体がどのような目的に向かって考えられたのかを理解していれば、個々のスタッフは組織というものを意識します。その結果、自分の仕事の成果を意識するようになり、全体が一つのベクトルで動くのです。

●最終的な目標と現在の間に「旗」を立てる

現場のスタッフの心理は微妙です。

全社が目指すビジョン（目標）として掲げられていることが、あまりにも遠いところにあって理想的なものであると、現在の自分の仕事がどのように関連しているのか（つまり自分がなんの役に立っているのか）が曖昧になってしまいます。それでは、VSTFの流れはできません。

これは各部署のリーダーも同様です。目標が遥かかなたの遠いところにあると、いま自分たちが進んでいる道で正しいのか、こんなスピードでいいのか、達成されるのは100年も先のことではないのかと、現状の戦闘に懐疑的になってしまいます。それでは、経営戦略は正しく伝わりません。

そこで、遠いところにある本当の目標までの道筋の途中に、いくつかの「旗」を立てることが大切になります。最終目標に近づくためのステップが何段階かあって、とりあえずいちばん近い旗に向かって突っ走ればいいのだ、ということを理解してもらうのです。

会社全体がＶＳＴＦの流れから外れることなく、近々の目標に全員の力が結集できていれば、その会社は伸びます。

そのスタートとなるのが経営者が立てる「目標」であり、次に述べる「経営理念」であるわけです。

経営の3原則 2

経営理念から導き出される目標設定

◉ビジョンのない経営に未来はない

ＩＴ技術の進化、小売店の消滅など、世の中はものすごい勢いで変化するようになっています。ヒット商品は長く続きません。ビジネスモデルも、新しいものが登場したと思ったら、もう古くなってすたれはじめていきます。

新進企業は、血眼になって次のトレンドをさぐり、次々と手を打っています。

このような世界で、企業経営はなかなか計画どおりに進むものではありません。毎年、経営計画を立て、利益計画を立てても、どうしても思うように収益が上がっていかない。そういう会社は少なくありません。

そこで経営者に求められるのが、中・長期的なビジョンを描くことです。会社全体が、そのビジョンに向かって一貫した歩みを進めているかを省みる必要があります。

その際、クローズアップされてくるのが経営者自身の「経営理念」です。

●3〜5年後のわが社の展望を描く

ものすごいスピードで移り変わっていく社会やトレンドに対して、次の1年間を見据えただけの経営計画や利益計画では対処できません。もう少し先の時点での「我が社」がどうなっているべきなのか、3〜5年先のビジョンが必要です。

それは、経営者がしっかりと明確に描かなければなりません。

経営者が3〜5年先のビジョンを描くためのベースになるのが、経営理念です。

経営理念は、企業経営の羅針盤です。揺るぎない、ブレない経営理念が最初にあるからこそ、従業員を乗せた船（企業）がどこへ向かえば良いのかが決まります。

それは世の中がどのように変わろうとも、ブレるものではありません。街から理髪店や喫茶店がなくなっても、IT技術の進化によって情報の質と量が大きく変化しても、経営理念は変えるものではなく、はじめからずっと存在するものなのです。

経営理念は、会社の「核」となるものです。創業間もない会社（やがて消滅する会社）、あるいは自転車操業から抜け出せない中小企業は、それを持っていないことが問題であることに気づいていません。

●理念のない企業は自然淘汰される

経営理念は、経営者が個人的な発想から打ち出すべきものです。

誰かに相談してつくってもらったり、どこかから持ってきても意味がありません。

経営理念は、経営者自身そのものだからです。

「そんなものは、自分の中でしっかり持っているから大丈夫だ」

「経営理念じゃ、飯は食えない」

そう思っている経営者はたくさんいます。その気持ちは、痛いほどわかります。私自身、経営理念なんてただの言葉にすぎないもので、そんなものが現実的な経営戦略に繋がるなどということは全く信じていませんでした。起業して8年くらいは、特に経営理念を掲げることなく、その場その場で戦略を立てて闘ってきたのです。

しかしすでに述べたように、私は変わりました。マネジメントということの意味を考えて重要性を認識し、経営の基本を勉強し、ようやく経営者の一人になることができたのです。この変革がなければ、当社もやがて消滅していたかもしれません。

理念のない企業は淘汰される、それが社会の法則です。

◉経営理念のない経営者は存在しない

そもそも、経営理念のない企業はないはずです。しかし多くの中小企業は、それを言葉として掲げ、全社で共有しようとしていません。

経営理念となるはずの考えは経営者の頭の隅に追いやられ、経営が苦しくなった時などに、ふと思い浮かべられるだけの存在になっています。

そもそも、起業しようと思った動機はなんだったのでしょう。起業してやっていけると考えた根拠はなんだったのでしょう。

経営者の夢、今後の人生への展望、あるいは自分はどのように生きるのかという信念と、起業の動機は結び付いていないわけがありません。自分に会社をやっていく力があると思わなければ起業など思い浮かばないでしょう。

「起業しよう」と考えた動機、「きっとやっていける」という自信は、起業を考えている人（起業した人）の中に必ずあるはずなのです。

その動機が、経営理念になるものです。また、起業してやっていけると考えるのは、社会の部分的なニーズに応えることができると実感し、現実的な手応えを持っているからです。そのベースとなる根拠、信念が、経営理念になっていくはずです。

●従業員をマインドコントロールせよ

誰も、悪徳企業を設立したいとは考えません。正義のない会社の社長になりたいとは思いません。それは従業員も一緒だと思います。

給料のために定職につき、サラリーマンとして働く。しかしその会社が、きちんと給料を払ってくれればそれだけでOKというわけではありません。悪徳企業では働きたくない、できれば社会に貢献できる、多くの人に良いことをもたらすことができる、喜んでもらえる「いい会社」で働きたいのです。

自分自身の経営理念を掲げていない経営者は、起業時の（あるいは就任時の）熱い思いを想い出して、それをしっかりと従業員に伝えられるような言葉にしなければいけません。そして、しつこくシツコク、くり返し説いていくのです。

マインドコントロールは、悪い意味で使われることが多いかもしれません。

しかし、中小企業経営者がリーダーシップを発揮して、全社一丸の強力なチームをつくっていくためには、良い意味で従業員をマインドコントロールしていく必要があります。

それは経営用語でいえば、人事マネジメントということになるのだと私は思います。

●経営者なりの経営理念を

経営理念は、自社はどのような心で事業を進めていくのか、どのように社会と関わっていくのか、その目的とは何か、働くとはどういうことか、といったような原理的なことをまとめたものです。

泥臭くてもかまいません。「経営理念なんて」と思っている経営者にも、必ず心の奥底にあるはずです。他社の経営理念を真似るのではなく、社長自身の肉声がそこから感じられるような、独自のものをつくることをおすすめします。

私のモットーは、くり返し述べているように「チャレンジ」です。これは私自身の人生の行動原理とも言えるものです。物心つく頃から身に付いていた価値観ですから、私の中では当たり前のことです。

「挑戦」という理念を当社の中で現実的な形にしていくために、私は四つの行動理念をつくり、従業員に提示しました。

そして、具体的にそれぞれの局面ごとに、七つの基本方針を定めました。

また、経営理念には、経営者が経営のうえで重要視していることを加えてもいいと思います。私は人材を重視しているので、我が社がどのような人材を求めているか、社員にはどのように成長してほしいかということを「人事理念」として確立しました。

さらに、毎期の期初には「年間スローガン」を発表しています。

これらの「言葉」の全てが経営理念で、いつも社員に触れるようにし、社員にとっては息をするのと同じくらいに無意識で当たり前のことにしていくことが大切です。

【我が社の行動理念】

①**挑戦**……失敗を恐れず、常に自身に成長と目標を求め、前進し続ける
②**チームワーク**……感謝と謙虚の気持ちを忘れず、相手をリスペクトして、誠実に接する
③**進化**……変化を恐れず、柔軟な発想で商品とサービスの品質向上に努める
④**プロフェッショナル**……プロとしての自覚と自信を持ち、そのために弛まぬ努力を続ける

【我が社の基本方針】

①**顧客に対して**……最良のサービスを、自信と情熱を持って提供する
②**商品に対して**……質を求め、現状に満足せず、新しい可能性に向かい続ける
③**社員に対して**……安心して働ける環境をつくり、成長できるステージを提供する
④**組織に対して**……理念とビジョンを共有し、チームワークを一番に考える
⑤**地域に対して**……地域や社会になくてはならない企業を目指し続ける
⑥**業者に対して**……お互いを尊重し、信頼ある協力体制を築く

⑦**社会に対して……**変化を恐れず、常に果敢に挑戦し、業界に新しい風を吹かせる

【我が社の人事理念】

組織のビジョンを共有し、自発的に発信できる人材を育成する

失敗を恐れずに挑戦できる人材を育成する

【年次スローガンの例】

常に前進

常に挑戦

●「理」と「情」が人を動かす

私は、会社が社会に貢献して、経営者の経営理念を実現していくためは、従業員の力が不可欠であるという当たり前のことに気づいて、変わりました。そのおかげで、現在の自分があります。

会社は、組織です。組織は、人の集合体です。人の集合体が一つになった時の力は、

おそろしいほどに巨大なものになります。経営にはいろいろな要素があると思いますが、そのスタートが従業員の結束であることに私は気づいたのです。

経営者はリーダーとして人を動かすことができなければいけない、ということです。人を動かすには「理」と「情」という、二つの事柄が必要です。

「理」は、理屈です。経営理念がそれに当たり、ここから導き出される経営戦略、組織マネジメント、あるいは企業の仕組みなども「理」に含まれます。これがないと、組織はまとまりません。

一方で「情」は、心です。いかに枠組みができていても、最後には「情」がなければ人は動きません。

経営者やリーダーが、事業に対して、そこに携わる人に対して、いかに熱い思いを持っているか。その熱い思いを、いかにシンプルで強いメッセージとして伝えられるか。そして、従業員の熱量を最大限まで上げられるか。うわべだけの言葉、借り物の言葉では、決して人は動きません。経営者やリーダーの心の奥底から湧き上がってくる「もの」だけが、従業員に伝わるのです。それが伝わっている組織は、強く、生き生きと、目標に向かって突っ走ります。

そのようなエネルギーを心に持っている人だけが、起業後の会社を存続させられるのかもしれません。そう考えてみると、起業した会社の９９・９８％が30年後に消滅しているという数字も、納得できるような気がします。

しかし、そのエネルギーを持っていない経営者はいないと、私は思います。

ただ、現実に振り回されて、忙しくて、自分の中の大切なエネルギーを忘れていたり、ないがしろにしていたりするだけです。あるいは、私のように、その重要性に気づいていないだけです。それは、とてももったいないことです。

自分に嘘のないリアルな経営理念を策定していく、そしてそれをきっかけに経営者がリーダーとしての力を従業員に示していかなければいけません。

経営の3原則 3

ビジネスモデルのつくり方次第で収益は倍増する

◉自社の強みを打ち出す攻めの経営

さて、起業した会社を20年、30年と生き残らせ、さらに成長させていくために何が必要か。ここからは少し応用編に入っていきたいと思います。

いろいろな事業があって、それぞれの企業には必ず「強み」があります。「いや、ウチにはない」と思う経営者は、きちんと自社の強みを理解していないだけです。他社を知り、自社を知って、それぞれの「強み」を分析することはとても大切です。

自社の強みを把握したら、それを最大限に活かす方法（ビジネスモデル）を考えます。これは攻めの経営です。

しかし「強み」の中にも「弱み」はあります。リスクは当然、あるわけです。ビジネスにリスクはつきものです。しかし、そのリスクを過小評価してはいけません。万が一にも備えられるような、そして存続していれば自然に成長できるような、いわば守りの意識も大切になります。

◉ストック型ビジネスとフロー型ビジネス

私は事業を組み立てる時に、必ず意識していることがあります。

それはストック型ビジネスとフロー型ビジネスのバランスです。

ストック型ビジネスとは、個々の請求額は小さくても毎月、あるいは毎週、確実に定期的に行われる取引を、少しずつ確実に増やしていく事業です。

携帯電話の基本料、コピー機の保守料などがこれに当たります。一つひとつの収益は小さいので事業のスタート時は苦しいながらも、契約取引の量を確実に増やすことができれば、全体の収益は加速度的に増えていき、安定していきます。

このようなストック型ビジネスモデルを起業当初から意識しておくことが大切です。

当社では、物件管理料（1部屋あたり月2000円程度）、英会話教室の授業料、障がい者福祉事業の売上金などがあります。物件管理の契約取引は現在、5000室ほどですから、それだけで毎月確実に1000万円程度の収入が見込めるわけです。

個々の収益は小さいので先行投資は覚悟しなければなりませんが、数量を確実に増やしていけば自然に先を見越した利益計画が立てられるようになります。

一方、フロー型ビジネスは、スポット取引です。一つ一つの収入金額は大きいけれど、継続して行われる取引ではありません。土地家屋の売買など、売り切り型のビジネスです。

投資に対するレスポンスが早く、利幅も大きいところはいいのですが、継続する安定的な収入として見込むことができません。

●ストックとフローのバランス

私は、このストック型ビジネスとフロー型ビジネスのバランスを重視しています。ストック型ビジネスの安定的な収入源を築いていき、同時にフロー型ビジネスにもチャレンジしていく。それによって、将来の投資計画や採用計画、借入れの計画などが立てやすくなり、いま何をやるべきかが明確になってきます。

これによって、より強固な財務基盤をつくっていくことができます。経営戦略が無理のないより計画的なものになり、経営は安定し、成長曲線に向かっていきます。

当社でいえば、賃貸管理、障がい者福祉、教育というストックビジネスである程度の収益を確保しながら、不動産事業や建設事業などのフロービジネスを準備し、大きく稼ぐ。ストックビジネスによる確実な収益を担保に借入を起こして、フロービジネスを成功させていく、という流れです。

当社は、このように二つの相反するビジネスモデルをバランスよく展開することで、中期計画を立て、ファイナンスの問題をクリアしています。その展開をリアルに予測できるので、事業計画が立てやすくなるのです。

●半永久的なジレットモデル

いくつかのストック型ビジネスを上手につくることができれば、その会社はとりあえず安泰です。安定をベースにチャレンジができますから、成長を見込むことができます。経営が面白くなるわけです。

問題は、どのようにしてストック型ビジネスをつくっていくかです。

世の中にあるいくつかの事例を紹介しましょう。

よく引き合いに出されるのが、「ジレットモデル」です。昔からあるT字型のカミソリの刃の部分だけを取り外し、使い捨てで交換できるようにしたのです。取っ手の部分も含めた全体の開発にはコストがかかっていますが、売値は赤字を覚悟で安くしました。儲けは、半永久的に使われることになる交換用の替え刃の売上に期待したのです。

ジレットモデルが優れていたのは、ジレット社の替え刃しか使えないようにできている点です。もちろん、使い心地が良いことも条件です。この二つが組み合わされれば、消費者は半永久的に替え刃を購入し続けます。男性は毎日髭を剃りますから、ジレット社にも半永久的に定期的な利益がもたらされるというわけです。

ただし世の中は進化します。電動シェーバーの登場によって、ジレットモデルの最盛期も終焉を迎えました。ビジネスモデルの寿命を読む先見力も、経営者には重要になります。

●世の中にある、いろいろな「儲かる仕組み」（ビジネスモデル）

ほかにも、ストック型のビジネスモデルはいろいろあります。

CANONなどのインクジェットプリンターも、プリンター本体の価格は驚くほど安いのですが、交換用のインクカートリッジはそこそこの値段がして、定期的に使う人にとってはかなりの出費となります。

もちろん、ほかのプリンターのインクカートリッジは使えませんから、メーカーは1台のプリンターを売ることによってインクカートリッジの顧客も獲得することになり、大きなストック型ビジネスになるわけです。

急激に成長したスペインのファストファッションブランドZARAは、生産から小売りまでを一貫して行うSPAと呼ばれるビジネスモデルをさらに進化させ、いまや世界一の売上を誇るようになりました。

あるいは、スターバックスのビジネスモデル、デルのビジネスモデル、中古車販売の素人を集めて展開するガリバーのビジネスモデルなどがあります。傍目に見ていては気づきにくいのですが、実はその事業モデルを分解してみると、巧妙に売れる仕組みが隠されています。成功している企業や事業にはそれぞれ独自のビジネスモデルがあるのです。

●「叱れる」経営者でなければ会社は存続しない

ビジネスとは利益を出すということです。そのこと自体は誰でもできることかもしれませんが、企業は、それを永続的に続けていかなくてはなりません。

企業経営は、今日、今月、今期に利益が出ればそれでOKというわけでは決してありません。半永久的に利益を出し続けていく、つまり存続させていくことが大事なのです。

経営者は、事業と収益をどのように組み立てていくか、それをいかに継続していくか、そこを主眼に経営戦略を立てていくことが求められています。

そのためには、経営理念を全ての従業員に共有させ、それをしっかり事業に落とし込んでいかなければいけません。それができて、ゴーイング・コンサーン、つまり将来にわたって永続的に事業を継続することが可能となるのです。

それができるようになって、初めて一人前の企業と言えるのだと思います。

経営理念を共有するためには、組織づくりからやらなければなりません。それは、腹を割って話ができる人間関係をまず経営者と従業員のあいだでつくることから始まります。

起業した時に、従業員を本気で叱れるのか。それを従業員が本気で聞けるのか。

そこが、全てのスタートになるのです。

あとがき

経営者は、人間が好きでなければできないと私は思います。

また、なんらかの運命で自社という船に乗り込んで、ともに航海をしている従業員、さらにその家族の安全と幸福を「自分の命にかえても絶対に守る」という強い意志がなければ、経営者などできないと思います。

中小企業の成功は、経営者次第なのです。

本書で述べたように、私は起業するまで、また起業してしばらくのあいだ、そこまでは考えてはいませんでした。おそらく、起業する人のほとんどは私と同じだと思います。

しかし起業して何度も壁にぶつかるうちに、その壁を乗り越えるために、どうしても自分自身の人間を大きく、強くしていかなければならないことがわかってきます。そのことに気づいた経営者が、そこから自分をどのように変え、さらに成長していけるかどうか。

起業した会社の存続は、そこにかかっていると思います。

その象徴として、私は「叱り」という、いまは古くさくなってしまった日本的な事柄にスポットライトを当ててみたいと思いました。叱れない人が増えてきた、人間関係を薄くとらえようとする人が増えてきた、そんないまの風潮に、起業しても会社が存続しない理由が隠されているのではないかと思ったからです。

経営者は、1日24時間、死ぬまで（社長を辞するまで）勉強だと思います。そして成長し続けて会社を存続させなければならない、という十字架を背負っています。

私は起業してから今日まで、1日たりとも恐れや不安のない日などありませんでした。でもそれは、常にチャレンジし続けるということで、私は素晴らしい人生だと思っています。

私はいまも、経営者としては青二才です。しかしそれは、それだけ伸びしろがあるということでもあります。

自分が勉強して成長すればするほど、それだけ会社が伸びるのです。

こんなにワクワクすることはないと思っています。

最後に、本書の執筆にあたって当社の大村佳（アセットマネジメント事業部）、藤川正孝（NBD事業部）、和田淳（PM事業部）、武田雅敏（AM事業部）の各氏に、貴重な意見やアドバイスをいただきました。記して、御礼といたします。

株式会社　エム・ジェイホーム　代表取締役社長　葛川　睦

プロフィール

株式会社 エム・ジェイホーム
代表取締役社長

葛川 睦 Kuzukawa Atushi

1976年、滋賀県長浜市生まれ。中学・高校ではアメリカンフットボールのキャプテンとしてチームビルディングの重要性を実感。同志社大学大学院ビジネス研究科MBAコース卒業。大手事務機メーカーに就職後、2005年に独立起業。その後、飲食店や教育関連企業など6社設立。M&Aした企業・事業は2社。現在は不動産・障がい者福祉・教育の3事業を中心に拡大を目指している。趣味：ロードバイク。座右の銘：「常に前進、常に挑戦」。

http://mj-home.co.jp/

人《ひと》を動《うご》かす本気《ほんき》の「叱《しか》り」

2018年 4月30日 初版第1刷

著　者——葛川《くずかわ》 睦《あつし》
発行者——坂本桂一
発行所——現代書林
〒162-0053 東京都新宿区原町3-61 桂ビル
TEL／代表 03(3205)8384
振替00140-7-42905
http://www.gendaishorin.co.jp/

ブックデザイン——吉崎広明（ベルソグラフィック）

印刷・製本 広研印刷㈱
乱丁・落丁本はお取り替えいたします。

定価はカバーに
表示してあります。

ISBN978-4-7745-1705-6 C0034